AF307421

Die verkrustete Gesellschaft

Vom Verlust sozialer Mobilität

Joachim Jahnke

Bibliografische Information der Deutschen Nationalbibliothek:
Die Deutsche Nationalbibliothek verzeichnet diese Publikation in
der Deutschen Nationalbibliothek, detaillierte bibliographische
Daten sind im Internet über http://dnb.d-nb.de abrufbar.

© Joachim Jahnke
Herstellung und Verlag: BoD – Books on Demand, Norderstedt
ISBN: 9783837054293

Inhalt

Vorwort

Der Verlust an sozialer Mobilität, der unsere Gesellschaft immer mehr sozial verkrusten lässt, ist wahrscheinlich unter vielen anderen ihr grösstes Problem. Mich hat das immer wieder beschäftigt, da ich mich selbst aus ärmsten Verhältnissen eltern- und beziehungslos nach oben arbeiten musste, aber auch konnte. In den 50er und 60er Jahren war das noch durchaus häufig. Viele meiner Generation haben damals vom Aufstieg nicht nur geträumt, sondern ihn auch geschafft.

Vor allem In den USA gab es einmal den grossen Traum, der gerade für dieses Land besonders typisch war: Armut war kein Schicksal mehr. Man konnte es vom Tellerwäscher zum Millionär bringen, wenn man nur hart arbeitete und etwas Glück hatte. Die Aufwärtsmobilität war die Antidote, die die seit jeher unsozialen und die Gesellschaft immer mehr vergiftenden Verhältnisse mental erträglich machte. Dabei hatte schon der grosse amerikanische Komiker George Carlin gesagt, man müsse schlafen, um daran zu glauben: „You have to be asleep to believe it".

Deutschland träumte diesen Traum vielleicht sogar noch intensiver. Denn Aufstiegsmobilität und Chancengleichheit waren quasi heilige Grundsätze der Sozialen Marktwirtschaft, die Deutschland aus den Ruinen des 2. Weltkrieges holte, ihr eigentliches Credo und wohl entscheidendstes Element. Wenn schon Einkommen und Vermögen sehr ungleich verteilt sind, so muss jeder eine Chance haben, sich durch eigene Ausbildung und Arbeit aus der Ungleichheit wenigstens teilweise herauszuarbeiten. Je ungleicher die Verteilung der Einkommen und Vermögen, umso wichtiger wäre die Chancengleichheit. Doch gerade die ungleiche Entwicklung reduziert heute die Chancengleichheit zusätzlich.

Der beruhigende Gesang von der Chancengleichheit hält sich beständig auf den Lippen von Regierung und Medien. Beispielsweise will Bundeskanzlerin Merkel „die Bildungspolitik zur Chefsache machen; unter dem Motto ‚Bildung für alle' soll mehr Menschen der soziale Aufstieg ermöglicht werden." Oder: „Bundeskanzlerin Merkel hat mehr Toleranz und Chancengleichheit in deutschen Unternehmen angemahnt." Oder Merkel: „Wir müssen die Bildungsrepublik Deutschland werden. Nur eine ausreichende Bildung schafft die Voraussetzung für Chancengleichheit für Kinder unterschiedlicher sozialer oder geografischer Herkunft." Oder Merkel: „Die Koalition wird sich nicht mit einer Spaltung der Gesellschaft abfinden. Ziel sei es, Grundlagen zu schaffen, dass Kinder von Anfang an ihre Chance bekämen." Die Verbindung von Merkel und Chancengleichheit bringt besonders reichen Google-Ertrag. Aber auch Bundespräsident Joachim Gauck sagte schon in seiner Antrittsrede im März 2012: „Wir dürfen nicht dulden, dass Kinder ihre Talente nicht entfalten können, weil keine Chancengleichheit existiert. Die Menschen dürfen nicht den Eindruck gewinnen, der Aufstieg sei ihnen selbst dann verwehrt, wenn sie sich nach Kräften bemühen."

Indessen ist Deutschland seit den 70er Jahren in ständiger Annäherung an die Verhältnisse in den USA zu einem der aufstiegsunfreundlichsten Länder verkommen. Die herrschenden wirtschaftlichen und politischen Eliten haben auch bei uns die Zugbrücken weitgehend hinter sich hochgezogen, um sich und ihren eigenen Nachwuchs gegen die Aufwärtsmobilität derer von unten abzusichern. Oder in den Worten von Tim Hardford in der Financial Times unter der Überschrift „Wie sich die Reichen oben halten": „Je ungleicher eine Gesellschaft, umso grösser der Anreiz für die Reichen, die Leiter hinter ihnen hochzuziehen." Im Ergebnis wurde auch in Deutschland die Aufstiegsmobilität für die Massen der Benachteiligten stark abgewürgt.

Wie Olaf Groh-Samberg, Professor für Soziologie an der Universität Bremen, schreibt, entfesselte die Hoffnung auf sozialen Aufstieg über Jahrhunderte hinweg – und tut dies in weiten Teilen der Welt noch heute – ungeheure Energien, die zu immensen Arbeitsleistungen, zu Disziplin, Verzicht und Leidensfähigkeit im Dienste einer besseren Zukunft anspornten. An dieser berechtigten Aussage lässt sich ermessen, was unsere Gesellschaft verliert, wenn diese Hoffnung mangels Chancengleichheit begraben wird.

Auf der Suche nach einem Titelbild für dieses Buch stiess ich auf van Goghs Pont de Langlois, die hölzerne Klappbrücke bei Arles in Südfrankreich, die er 1888 malte. Bei van Gogh ist sie geschlossen und zeigt Menschen, die über sie das andere Ufer erreichen. Um sie symbolisch auf unsere heutigen Sozialverhältnisse zu übertragen, musste ich sie hochziehen. Wer sozial aufsteigend an das andere Ufer will, muss gegen den Strom schwimmen können und Ausdauer haben.

Bangor, im Mai 2016

Der Verlust sozialer Mobilität

Viele Studien und Umfragen aus den letzten Jahren belegen, wie stark die soziale Mobilität und Chancengleichheit gelitten haben. Hier soll das mit einigen Beispielen belegt werden. Nach der internationalen PEW-Umfrage über Ungleichheit und soziale Mobilität von 2013 glauben nur noch 28 % der Deutschen, dass es ihren Kindern einmal besser gehen werde als ihnen selbst. Zu 51 % sehen sie die Ungleichheit als ein sehr grosses Problem an, wobei 88 % den Graben zwischen Arm und Reich als in den letzten Jahren vergrössert einschätzen, der im internationalen Vergleich nach Spanien höchste Umfragewert. Fast drei Viertel (72 %) meinen, dass Wirtschaftssystem begünstige die Reichen.

Zu einem ähnlichen Ergebnis kam eine Meinungsumfrage von infratest dimap im Auftrag von REPORT MAINZ aus dem Jahr 2013, mit der 1000 Bundesbürger nach ihrer Meinung zu den Aufstiegschancen in Deutschland befragt wurden. Bundesbürger, die sich eher zu den unteren Schichten zählen, sehen die Möglichkeiten aufzusteigen besonders kritisch. Die Umfrage zeigt, dass mehr als zwei Drittel von ihnen die Aufstiegschancen in Deutschland als weniger oder gar nicht gut empfinden[1]. Auch im Durchschnitt aller Befragten kommen 56 % zu einem negativen Ergebnis. Dass die Vertreter von oberer Mittelschicht und Oberschicht nur zu 36 % die Aufstiegschancen als weniger gut oder gar nicht gut beurteilen, sollte dabei nicht überraschen. In diesen Vermögensklassen sind die Scheuklappen noch relativ fest verankert.

Dazu der Soziologe und Elitenforscher an der TU Darmstadt Prof. Michael Hartmann:

„Die Wahrscheinlichkeit, dass man in dem gesellschaftlichen Bereich bleibt, in dem man gross geworden ist, ist deutlich gestiegen. Die Chancengerechtigkeit ist seit der Jahrtausendwende deutlich rückläufig. Wenn man in den 60er und 70er Jahren noch relativ häufig erlebt hat, dass Personen aus den unteren Schichten aufgestiegen sind, ist das heute nur noch eine Ausnahme. Im internationalen Vergleich entfernt man sich immer weiter von Ländern mit hoher Chancengerechtigkeit, wie etwa den skandinavischen, und nähert sich Grossbritannien oder den USA an."

Was ist aus der Aufstiegsmobilität, in USA und Europa und besonders in Deutschland geworden? Das amerikanische Mobility Projekt hat festzustellen versucht, in wieweit der amerikanische Traum der Aufwärtsmobilität von Eltern zu Kindern noch den Fakten entspricht und kommt dabei zu einem für die USA bedrückenden Ergebnis: Männer in den 30ern verdienen heute weniger als Männer der gleichen Altersgruppe in der Generation der Väter. Zweites Ergebnis: Bis auf Kanada sind die vier skandinavischen Länder weit besser dran als die anderen untersuchten, auch als Deutschland. So haben in Dänemark die Söhne fast die gleichen Einkommenschancen - egal, aus welcher sozialen Schicht sie kommen.

In seinem Jahresgutachten beschrieb selbst der durchaus konservative Sachverständigenrat zur Begutachtung der gesamtwirtschaftlichen Entwicklung die deutsche Situation schon 2009 äusserst kritisch:

„Neben den zeitpunktbezogenen Vergleichen der Vermögen verschiedener Gruppen in den Jahren 2002 und 2007 ist von Bedeutung, wie viele Personen ihre Vermögensposition in diesem Zeitraum beibehalten beziehungsweise verändert haben. Insbesondere am oberen Rand der Vermögensverteilung sind die Positionen stabil: 62 % der Personen, die im Jahr 2002 zu den vermögendsten 10 % gehörten, zählten auch im Jahr 2007 zu dieser Gruppe. Weitere 19 % waren aus der bereits zweitvermögendsten Gruppe hinzugestossen."

Eine weitere Studie des DIW vom November 2013 brachte noch mehr Klarheit in die Situation. Die Einkommensmobilität an den Rändern hat seit Mitte der 90er Jahre erheblich abgenommen. So befanden sich 44 % der im Jahr 1994 einkommensarmen Personen im Jahr 1997 noch in der gleichen Position. Im Zeitraum von 2008 bis 2011 ist der entsprechende Anteil auf 54 % gestiegen. Auch am oberen Rand der Einkommenshierarchie nahm die Mobilität ab: Personen mit einem Einkommen von 200 % und mehr des Median verblieben zwischen 1994 und 1997 nur zu 59 % in ihrer Einkommensklasse, seit 2004 trifft dies bereits auf 65 % zu. Insgesamt entwickelte sich - so das DIW - die Wahrscheinlichkeit, am Ende eines Vierjahreszeitraums zur gleichen Einkommensgruppe zu gehören wie zu Beginn, bei von Armut bedrohten Personen in den 90er Jahren zunächst nahezu konstant. Um die Jahrtausendwende stieg sie jedoch sprunghaft an und liegt seitdem bei rund 55 bis 60 %.

Die neuesten Erkenntnisse bringt der WSI-Verteilungsbericht vom November 2015. Er vergleicht die Mobilität in 6 Vermögensgruppen und zwei 8-Jahres-Perioden, nämlich von 1983 bis 1990 und dann wieder von 2005 bis 2012. Sehr deutlich zeigt sich dabei ebenfalls, wie sehr die Mobilität abgenommen hat. 1990 war die Gruppe der Armen aus 1983 noch zu 32 % weiter arm, während 2012 die Gruppe der Armen aus 2005 schon zu 46 % arm blieb. Fast die Hälfte hatte es also nicht mehr aus der Armut geschafft[2,3]. Den Aufstieg in die darüber liegende Gruppe der Unteren Mitte hatten es in der ersten Periode noch 49 % geschafft, in der zweiten Periode dagegen nur noch 39,5 %[4]. Der Bericht beschränkt sich auf Westdeutschland, um die Periode ab 1983 zum Vergleich heranziehen zu können, als es noch keine Daten für Gesamt-deutschland gab.

Ähnlich schlimm sieht es in der Gruppe der Unteren Mitte aus. Hier waren über die 8 Jahre der ersten Periode 11,5 % in die Armut abgestürzt, in der zweiten Periode waren es schon fast 16 %. Den Aufstieg in die Obere Mitte hatten bis 1990 noch 28,5 % geschafft, bis 2012 waren es nur noch 20,2 %. Dagegen verfestigte sich der Anteil der sehr Reichen. In der ersten Periode blieb in dieser Gruppe nur etwa ein Drittel, in der zweiten Periode bis 2012 waren es schon erstaunliche 56,4 %.

Dazu der WSI-Verteilungsbericht:

„Wenn die Ungleichheit steigt und zur selben Zeit die Mobilität sinkt, gilt zunehmend ‚einmal reich – immer reich‘ bzw. ‚einmal arm – immer arm‘. Eine Verfestigung der Verteilung zementiert Ungleichheitsstrukturen und beschneidet Chancengleichheit in einem erheblichen Mass. Genau das aber ist der grosse Trend, der sich in Deutschland seit einigen Jahrzehnten abzeichnet. Interessanterweise, und hier wird die ganze Problematik der Entwicklung deutlich, ist der starke Rückgang der Einkommensmobilität im vergangenen Jahrzehnt genau die Phase, in der auch die Ungleichheit sehr stark ansteigt."

Und die Studienautorin Dorothee Spannagel schreibt:

„Der Aufschwung kommt nicht bei allen an. Für den Mittelstand haben sich die Aufstiegschancen verringert, die Abstiegsrisiken haben zugenommen. In den Jahren seit 2005 sind deutlich mehr Menschen aus der unteren Mitte der Einkommensverteilung abgestiegen als dies in den achtziger Jahren der Fall gewesen ist."

Schliesslich ist auch ein Autorenteam an der Bremer Universität unter Leitung von Prof. Olaf Groh-Samberg der Frage nachgegangen, wie sich die Anteile an erwerbstätigen

Personen im Alter von 30 bis 64 Jahren, die gegenüber ihrem Vater beruflich auf- oder abgestiegen sind, entwickelt haben. Die Ergebnisse bestätigen das Bild nachlassender sozialer Mobilität. Der Anteil der erwerbstätigen Personen, die gegenüber ihrem Vater einen beruflichen Aufstieg erfahren haben, lag in der Generation der vor 1933 Geborenen bei etwa 30 % (bei westdeutschen Frauen mit unter 25 % deutlich darunter). Dieser Anteil steigt zunächst an und sinkt dann aber auch wieder. Bei den westdeutschen Männern ist der höchste Wert (37 %) bei den unmittelbar nach dem Krieg geborenen Kohorten erreicht und seither ein Rückgang (auf 32 %) zu verzeichnen (Abb. 19154). Umgekehrt kam es bei allen Gruppen für die nach dem Krieg geborenen Generationen zu einer deutlichen Zunahme von beruflichen Abstiegen.

Eine Differenzierung nach Berufsgruppen gibt weitere Aufschlüsse: Der Rückgang der Aufstiege über die jüngeren Kohorten hinweg ist bei den Kindern der mittleren Berufsklassen am stärksten ausgeprägt[5,6]. Die Zunahme von intergenerationalen Abstiegen ist bei den höheren Berufsklassen am stärksten ausgeprägt. Während bis in die Nachkriegskohorten hinein gut 40 % der erwerbstätigen Söhne aus den oberen Berufsklassen sozial abgestiegen sind, nehmen diese Abstiege in den jüngeren Kohorten auf über 50 % im Westen und über 60 % im Osten zu. Auch in den gehobenen Mittelschichtsberufen ist der Anteil der Abstiege mittlerweile höher als der der Aufstiege – und dies wiederum in extremem Ausmass in Ostdeutschland.

Ökonomische Ungleichheiten haben in Deutschland signifikant zugenommen. Sie gehen jedoch – so Prof. Groh-Samberg - nicht mit mehr, sondern mit weniger ökonomischer Mobilität einher:

„Während am oberen Rand eine Konzentration von Spitzeneinkommen und Vermögen stattfindet – begünstigt durch eine entsprechende Steuerpolitik – verfestigt sich am unteren Rand die Armut auf dramatische Weise. Diese Polarisierungen der Sozialstruktur sind eingebettet in eine anhaltend hohe Chancenungleichheit im deutschen Bildungs- und Berufssystem. Besonders alarmierend ist die abnehmende Aufstiegsmobilität aus Armut, und dies obwohl die aktivierende Sozialpolitik gerade auf diese setzt. Alarmierend ist aber auch die regelrechte Vernichtung von Aufstiegschancen in Ostdeutschland. Es ist davon auszugehen, dass die jüngeren Tendenzen einer langfristigen Verfestigung von Armut den in Ostdeutschland bereits deutlich erkennbaren, im Westen sich erst ansatzweise abzeichnenden Rückgang der intergenerationalen Aufstiegsmobilitäten weiter verschärfen werden."

Alle diese Untersuchungen zeigen das gleiche Ergebnis: Soziale Mobilität und Chancengleichheit sind in Deutschland schon seit vielen Jahren auf dem Rückzug. Da dies zugleich vor dem Hintergrund wachsender sozialer Ungleichheiten stattfindet, geht Deutschland einer schweren Krise entgegen, die in extremen Entwicklungen enden kann.

2. Besonders betroffen: Die Mittelschichten

Von der nachlassenden sozialen Mobilität sind die Mittelschichten besonders betroffen. Seit 1992 ist ihr Anteil an den deutschen Haushalten nach einer Studie der Universität Duisburg Essen aus dem Jahr 2015 von 56 % auf nur noch 48 % geschrumpft, in so wenigen Jahren für soziale Entwicklungen ein enormer Einbruch[7]. Ober- und Unterschicht sind jetzt zusammen grösser. Als Mittelschichten gelten dabei die Einkommensgruppen von 60 % bis 200 % des Medianeinkommens (2.000 bis 7.000 Euro). Steuersystem und Sozialtransfers haben den Schrumpfungsprozess nur teilweise aufgefangen. Auch in der Sekundärverteilung, also nach Steuern, Sozialabgaben und Sozialtransfers, schrumpfte der Anteil der Mittelschichten von 83% im Jahre 2000 auf 78% im Jahre 2013.

Eine breite Mittelschicht, die am Wohlstand partizipiert, galt stets als Erfolgsmerkmal des deutschen Wirtschaftsmodells der Sozialen Marktwirtschaft. Trotz seit Jahren relativ guten Arbeitsmarktes steigen weniger Menschen in die Mittelschicht auf. Ein besonders wichtiger Grund für den Anteilsverlust ist der wuchernde Niedriglohnsektor, der die Unterschicht hat erheblich ansteigen lassen. Damit arbeiten mittlerweile gut zwei von drei Beschäftigten aus der Unterschicht im Niedriglohnsektor. Auch in der unteren Mittelschicht ist das Niedriglohnrisiko von gut 35 % deutlich auf 46 % angestiegen und liegt nun damit weit über dem Durchschnitt von 25 %[8] .

Die Studie der Universität Duisburg Essen hat auch die Arbeitszeiten untersucht. Danach liegt die Anzahl der Arbeitsstunden in den Haushalten der obersten Einkommensschicht in den Jahren 2011 bis 2013 im Durchschnitt um fast 2.000

Stunden pro Jahr höher als in den Haushalten in der untersten Einkommensschicht. Hintergrund ist auf der einen Seite der hohe Anteil von Mehrfachverdiener- und Hinzuverdienerhaushalten in der Oberschicht sowie der hohe Anteil von marginal erwerbstätigen Haushalten und Singles - beides Kategorien mit unterdurchschnittlichem Arbeitsvolumen - in der Unterschicht. Das Arbeitsvolumen hat in allen Einkommensschichten abgenommen, der Rückgang ist aber mit -20 % in der Unterschicht deutlich ausgeprägter als in der Oberschicht mit nur -3%[9]. Die Arbeitszeiten der Haushalte haben sich somit zunehmend polarisiert, was zur wachsenden Ungleichheit der Haushalte bei den Primäreinkommen beigetragen hat.

Dabei ist der Anteil der Vollzeitbeschäftigten in der Unterklasse um 32 % (!) zurückgegangen, während er in der Oberklasse kaum abgenommen hat (-1 %) und der Rückgang in den Mittelschichten zwischen diesen Werten lag. Der Anteil der Vollzeitbeschäftigten in der Unterschicht lag 2012 bei nur 42 % gegenüber 78 % in der Oberschicht[10].

Das geringe Lohnniveau der Unterschicht zeigt sich auch bei den Stundenlöhnen. Der durchschnittliche Stundenlohn in der Oberschicht lag 2011 - 2013 mit 38,62 Euro rund fünfmal höher als der Stundenlohn in der Unterschicht. Die Stundenlöhne steigen ebenso wie die Arbeitszeit mit der Einkommenshöhe, wobei die Euro-Abstände zwischen den Gruppen wachsen und mit mehr als 17 Euro am grössten zwischen der oberen Mittelschicht und der Oberschicht sind[11].

Ein weiterer Grund für das geringe Arbeitsvolumen der unteren Einkommensschichten liegt in dem Überangebot an gering Qualifizierten. Unser Bildungssystem hält nicht Schritt mit der steigenden Nachfrage nach Fachkräften und „produziert" statt dessen am Markt vorbei zu viele Jugendliche ohne Berufsabschluss, die dann nur sporadisch oder in Teilzeit beschäftigt werden. Das Bundesinstitut für berufliche Bildung

(BiBB) und das Institut für Arbeitsmarkt- und Berufsforschung (IAB) haben in einer Langfristprognose berechnet, dass bei Fortschreibung der gegenwärtigen Bildungstrends das Angebot an gering Qualifizierten zum Jahre 2025 um rund 1,3 Millionen über der erwarteten Nachfrage der Wirtschaft liegen wird. Der Zugang sehr oft gering qualifizierter Flüchtlinge und Asylsuchender kann diese Situation nur noch verschärfen.

Das ungebremste Schrumpfen der Mittelschichten ist ein besonders wichtiges Stück deutschen Abschieds von der einst blühenden Sozialen Marktwirtschaft. Es ist das kreative, kultivierte, strebsame und brav Steuern zahlende Herz jeder Gesellschaft, das hier schrittweise verabschiedet wird. Die meisten Leser dieses Buches werden sich noch zur Mittelschicht rechnen und einige werden sich fragen, wie lange noch?

3. Ungleiche Einkommens- und Vermögensverhältnisse als Mobilitätshürden

Je ungleicher die Verteilung der Einkommen und Vermögen, umso wichtiger wäre die Chancengleichheit, damit auf diesem Weg die Ungleichheit nivelliert wird. Doch gerade die ungleiche Entwicklung reduziert heute die Chancengleichheit zusätzlich. Denn einerseits hängen die Chancen sehr vieler Kinder von der finanziellen Situation und Arbeitsbelastung der Mütter ab, die besonders bei Alleinerziehern kritisch wird, und bestimmt sich andererseits die schulische Leistung ebenfalls weitgehend nach dem Portemonnaie der Eltern. Beispielsweise können Kinder besser betuchter Eltern auf Privatschulen ausweichen, wenn die öffentlichen Schulen mangelhaft sind, oder sich teuren Nachhilfeunterricht leisten. Auch Ausgaben für die allgemeine kulturelle Bildung eines Kindes bestimmen sich oft nach dem Geldbeutel. Der für den Aufstieg im Beruf wichtige Faktor geeigneter Beziehungen und entsprechender Empfehlungen, das berüchtigte Vitamin B, ist schliesslich ebenfalls oft ein Faktor der Einkommens- und Vermögensklasse, in der man sich bewegt.

Die Ungleichheit der Einkommen resultiert vor allem aus den stark zunehmenden Vermögens- und Unternehmenseinkommen sowie der ebenfalls zunehmenden Bedeutung von Erbschaften in der alternden Bevölkerung. Arbeitnehmer sind seit dem Jahr 2000 mit der Entwicklung ihrer Löhne und Gehälter weit schlechter gefahren als die Bezieher von Unternehmens- und Vermögenseinkünften. Deren Einkommen sind nicht weniger als siebenmal stärker gestiegen, wobei Vermögenseinkünfte normaler Arbeitnehmer, soweit vorhanden, vergleichsweise gering ausfallen[12]. Dazu hat sich dann noch ein erheblicher Graben innerhalb der Löhne je nach sogenannten Leistungsgruppen aufgetan. Die durchschnittlichen

Bruttomonatsverdienste der Gruppe von Arbeitnehmern in leitender Stellung sind jetzt mehr als dreimal höher als die ungelernter Arbeitnehmer[13].

Seit Jahren wuchert zudem in Deutschland ein riesiger Niedriglohnsektor. Nach den letzten verfügbaren Daten arbeitet auf Niedriglohnniveau bereits fast jeder fünfte Arbeitnehmer in Deutschland. Der Anteil der trotz Arbeit Armen steigt immer weiter, nun schon auf über 9 %[14]. Auch die allgemeine Armutsquote klettert seit Jahren immer höher und liegt schon bei fast 17 % der Bevölkerung[15]. Altersarmut ist heute in unserem eigentlich reichen Land ein Schicksal für immer mehr Menschen, zumal nach längeren Phasen von Arbeitslosigkeit oder Niedriglöhnen. Die Mindestlöhne werden die ungleiche Verteilung der Einkommen nur marginal ändern. Ausserdem hat Deutschland einen zu niedrigen Mindestlohn, der erst 2017 erstmals erhöht werden könnte. Beispielsweise liegt der französische Mindestlohn schon jetzt um 10 % höher[16].

Kaum überraschend spiegelt sich bei der Vermögensverteilung die ungleiche Einkommenssituation wieder, noch verstärkt durch das sehr ungleiche und über Steuern zu wenig korrigierte Niveau an Erbschaften (siehe Kapitel 4). Die untere Hälfte der deutschen Bevölkerung besitzt nur noch 1 % der Vermögen, die oberen 10 % haben dagegen ihren Anteil über die letzten Jahrzehnte auf fast 52 % hochgeschoben[17]. Eine solche ziemlich unerträgliche, ja skandalöse Vermögensverteilung wird zur Sollbruchstelle des kapitalistischen Systems. Ohne den Verlust an Mobilität und Chancengleichheit hätte dieser Zustand nicht eintreten können. Wie beschrieben verstärkt nun in einem Teufelskreis die Ungleichheit ihrerseits den Verlust.

Selbst Bundestagspräsident Lammert, der der CDU angehört, klagte schon 2012:

„Es gibt gigantische Einkommensunterschiede in den Unternehmen, selbst zwischen der ersten und der zweiten Leitungsebene. Das ist nicht zu rechtfertigen, schon gar nicht mit entsprechenden Leistungs- und Verantwortungsdifferenzen. Das ist die Verselbstständigung der Gehaltsfindung, die den Verdacht der Selbstbedienung nahe legt. Ich bin gelegentlich fassungslos über die Gedankenlosigkeit oder die Skrupellosigkeit, mit der solche Ansprüche geltend gemacht und durchgesetzt werden".

Man sollte bei dieser Beschreibung nicht die Rolle der Globalisierung vergessen. Die höheren Einkommens- und Vermögensklassen Deutschlands vergleichen sich in ihren Ansprüchen nicht nur im eigenen Lande sondern ebenso sehr mit ihresgleichen in anderen kapitalistischen Ländern, vor allem in USA. Dort verfügen die 400 reichsten Bürger mittlerweile über so viel Vermögen wie die unteren 61 % der Bevölkerung, während das Jahreseinkommen einer Durchschnittsfamilie in den vergangenen 20 Jahren um fast 5000 Dollar sank. In der Konzentration der Einkommen beim obersten 1 % rangierte Deutschland nach Angaben der OECD 2012 mit 12,7 % aller Vorsteuereinkommen fast auf gleicher Höhe wie Großbritannien und nur noch von den USA übertroffen[18].

4. Steuern korrigieren die Ungleichheit nur sehr unvollkommen

Viele Steuervorteile für höhere Einkommensgruppen haben zur Entwicklung von Ungleichheit beigetragen. So wurde der Spitzensteuersatz mehrfach gesenkt[19], der Satz der Unternehmensteuer ebenfalls, die Steuer auf Vermögenseinkommen auf nur noch 25 % heruntergeholt und die Vermögenssteuer abgeschafft[20]. Daneben wuchern die Steueroasen, die den davon Gebrauch machenden Unternehmen weitgehende Steuerfreiheit verschaffen.

Auch die Steuer auf Erbschaften ist in Deutschland besonders niedrig. Unternehmenserben sind bisher völlig von der Erbschaftssteuer befreit, wenn sie das Unternehmen weiter führen. So erbrachte die Erbschaftssteuer 2014 nur 0,9 % des gesamten deutschen Steueraufkommens. Mit dem Abtritt der ersten Nachkriegs-Wohlstandsgeneration wird nun immer mehr Vermögen vererbt und werden immer mehr Menschen durch Erbschaft statt durch eigene Leistung zu Wohlstand kommen. Seit einigen Jahren steigt das Geldvermögen der privaten Haushalte deutlich stärker als die deutsche Wirtschaftsleistung insgesamt. Immer mehr davon wird vererbt oder - auch um die Erbschaftssteuer zu vermeiden - vorzeitig verschenkt. Nach Mitteilung des Statistischen Bundesamts erhöhte sich das in Deutschland geschenkte Vermögen seit Inkrafttreten des Erbschaftsteuerreformgesetzes im Jahr 2009 bis 2013 auf mehr als das Dreifache, das geerbte Vermögen wuchs in diesem Zeitraum um rund 42 %. Die Gesamtsumme entspricht immerhin schon 9 % aller Nettolöhne und -gehälter in Deutschland. Durchschnittlich entfiel darauf eine Steuer von gerade einmal 8 %.

Der französische Wirtschaftswissenschaftler Thomas Piketty hat mit seinem Aufsehen erregenden Buch „Kapital im 21. Jahrhundert", das die immer stärkere Kapitalakkumulation darstellt, auch auf die Bedeutung der Vererbung von Kapital, gerade in einer alternden Gesellschaft, wie der deutschen, aufmerksam gemacht. Er erwartet, daß die Vererbung von Kapital im 21. Jahrhundert bei der Entwicklung von Ungleichheit wieder so bedeutend sein wird, wie sie das im 19. Jahrhundert war. Diese Entwicklung werde von der sich abzeichnenden Wachstumsverlangsamung der Volkswirtschaften noch unterstützt.

Mit weniger Steueraufkommen als Folge der beschriebenen Steuersenkungen wurde der Staat kontinuierlich und absichtsvoll arm gemacht. Beispielsweise wurde der öffentliche Dienst reduziert[21]. Öffentliche Einrichtungen wurden privatisiert, wie die Post, viele Krankenhäuser oder öffentlicher Versorgungseinrichtungen bei Strom und Wasser. Viele Kommunen mußten Schwimmbädern und Büchereien schließen. Das Bildungssystem blieb unterfinanziert (siehe Kapitel 6), und in Konkurrenz wurden private Schulen und Universitäten aufgebaut. Es kam zu einer ständigen Verschlechterung der Infrastruktur von Straßen bis zu den Gleisanlagen der unterfinanzierten Bundesbahn, die vor einigen Jahren für die Privatisierung vorbereitet worden war und die dafür Profit ausweisen mußte. Über die letzten 10 Jahre waren die öffentlichen Investitionen niedriger als der Wertverlust. Beispielsweise mußten viele Brücken für den Schwerlastverkehr geschlossen werden. Diese Einschränkungen staatlicher Leistungen treffen vor allem weniger wohlhabende oder gar arme Bevölkerungskreise, die auf solche Leistungen und staatliche Infrastrukturen besonders angewiesen sind.

Im Ergebnis wurde auch von dieser Seite her Ungleichheit aufgebaut und Mobilität oder Chancengleichheit reduziert.

Das Steuersystem, das eigentlich die Chancengleichheit stützen sollte, hat sich in die Gegenrichtung entwickelt. Es ist in fast allen fortgeschrittenen Industrieländern, auch in Deutschland, zu einem Beschleuniger der Konzentration von Einkommen und Vermögen geworden.

5. Allgemeine Kritik des Bildungssystems

Der bekannte französische Soziologe Pierre Bourdieu hat mit seinem 1971 erschienenen Buch „Die Illusion der Chancengleichheit", das er zusammen mit Jean-Claude Passeron schrieb, viel Aufmerksamkeit gefunden. Es war für die derzeitigen deutschen Bildungsapostel ein sehr provokatives Werk. Denn es stellte die These auf, das Bildungswesen, zumal das höhere, helfe nicht etwa, die sozialen Ungleichheiten und Klassenprivilegien abzubauen, sondern im Gegenteil. Es kleide nämlich die Ungleichheit der Chancen in die dem modernen Bewusstsein einzig erträgliche Form: in die Illusion von Chancengleichheit und in den Schein einer Auslese auf Grund allgemeiner Leistungskriterien. Das vorgegebene Schicksal, entweder privilegiert oder diskriminiert zu sein, werde auf diese Weise maskiert, und zwar um so wirksamer, je perfekter formell die Chancengleichheit hergestellt werde. Wörtlich heisst es in dem leider etwas kompliziert formulierten Werk:

„Die höhere Bildung setzt immer schon voraus, was zu vermitteln sie vorgibt: Beherrschung der Sprache, Eleganz des Stils in jedem Sinne, Vertrautheit mit den kulturellen Normen der gebildeten Oberschicht. Sobald das Arbeitsethos des Aufsteigenden den Kriterien der Elite standhalten muss und am Dilettantismus des kultivierten Sohns aus gutem Hause gemessen wird, der sein Wissen mühelos erworben hat und, seines Heute und Morgen gewiss, mit distanzierter Eleganz auftreten kann, kehrt sich das Wertsystem um, indem es durch eine Bedeutungsverschiebung Ernsthaftigkeit in Sturheit und Arbeitsethos in spitzfindige und kleinliche Strebsamkeit abwertet. Ein angestrengter Stil lässt immer die Absicht erkennen, etwas und zugleich sich selbst durchzusetzen. Er wird unbewusst als Armeleuteprotz oder als Statussymbol des

Neureichen empfunden, weil die Funktion des Zur-Geltung-Bringens zu deutlich wird.

Da das System nicht explizit liefert, was es verlangt, verlangt es implizit, dass seine Schüler bereits beherrschen, was es nicht liefert: eine Sprache und Kultur, die ausserhalb der Schule durch unmerkliche Famiiiarisierung gleichzeitig mit der entscheidenden Einstellung zur Sprache und Kultur ausschliesslich auf diese Weise erworben werden kann. Die aristokratische Vorstellung von Bildung und intellektueller Arbeit deckt sich so weitgehend mit dem, was allgemein als vollendete Bildung angesehen wird, dass ihr selbst jene erliegen, die Elitetheorien ablehnen, und dadurch gehindert werden, über die Forderung nach formaler Gleichheit hinauszugehen." Und weiter:

„Soziale Aufsteiger brauchen mehr Lebenszeit, um sozial erfolgreich zu sein, weil sie mehr Eigenleistung investieren müssen - die in Form von Schulzeugnissen honoriert wird -, während die Abkömmlinge der Bourgeoisie allein schon dadurch einen Zeitvorsprung haben, dass sie bereits über ‚Bildung' und ‚culture' verfügen, bevor sie eine Schule betreten haben."

Der nächste Schock für das deutsche Bildungssystem und die Illusion der Chancengleichheit kam durch die seit dem Jahr 2000 von der OECD international erhobenen PISA-Ergebnisse. Sie zeigten, wie stark gerade in Deutschland schulischer Erfolg von der Bildung der Eltern und ihrer sozialen Stellung abhängt (siehe dazu mehr in Kapitel 6). In den Worten der Bildungssoziologin Christina Möller (Soziale Welt 64, 2013):

„Spätestens mit den PISA-Ergebnissen hat sich das in der deutschen Gesellschaft unterstellte meritokratische Prinzip, wonach alle Menschen die gleichen Chancen auf eine hohe Bildung und damit verbunden auf gehobene berufliche

Stellungen haben, als Illusion entpuppt. Auch bei uns generieren der familiäre Habitus, der sich aus der Klassenzugehörigkeit erklärt, sowie die Strukturen und Mechanismen in den Bildungsinstitutionen in einem komplexen Wechselspiel ungleiche Bedingungen und Verläufe im Bildungswettbewerb. Erfolgreich im Sinne der Erlangung hoher Bildungstitel sind demnach vor allem Individuen mit sozio-ökonomisch gehobener Herkunft, da sie von einer grösseren Schnittmenge zwischen ihren kulturellen Alltagsgewohnheiten und den Anforderungen in Bildungseinrichtungen profitieren. Diese herkunftsbedingten Segregationen sind in Deutschland relativ beharrlich und soziale Aufstiege trotz konjunktureller und individueller Gelegenheitsstrukturen insgesamt selten."

Auf gut Deutsch soll das wohl heißen: familiäre Herkunft und Klassenzugehörigkeit haben ihre Rolle für die Mobilität nicht eingebüßt. In eine ebenso kritische Kerbe haut Professor Aladin El-Mafaalani. In seiner empirischen Untersuchung „Vom Arbeiterkind zum Akademiker", die 2014 von der Konrad Adenauer Stiftung veröffentlicht wurde. Er zeigt darin auf, dass beruflicher Erfolg und soziale Mobilität nicht nur auf das Bildungsniveau reduziert werden dürfen und dementsprechend die Ungleichheitsbedingungen nicht nur im Bildungswesen selbst zu finden sind. In ihrer Zusammenfassung der Untersuchung führt Christine Henry-Huthmacher aus:

„El-Mafaalani hat in seiner qualitativen Studie vierzig ‚Extremaufsteiger', die aus Unterschichtsfamilien stammten und in hohe Positionen aufgestiegen sind, interviewt. Unter den Interviewten sind sowohl Menschen mit türkischem und vietnamesischem Migrationshintergrund als auch solche ohne Migrationshintergrund. Bildungsferne Kinder und Jugendliche – so El-Mafaalani – erfahren ihre grundlegende Prägung in einem familiären Umfeld, das durch Knappheit an ökonomischem Kapital (Geld, Besitz), kulturellem Kapital (Wissen, Bildung), aber auch an sozialem Kapital (soziale Netzwerke, Anerkennung) gekennzeichnet ist. Daraus entwickelt sich ein Habitus der Notwendigkeit, der in der konkreten Frage zum Ausdruck kommt: Was bringt mir das? Das Lernen von Dingen, die nicht direkt verwertbar sind, macht aus Sicht der Kinder wenig Sinn. Diese funktionale Logik der Verwertbarkeit schränkt den Bildungshorizont nicht privilegierter Kinder deutlich ein und senkt den Motivationspegel, etwas wirklich gut zu können, wie z.B. Musik oder Sprache.

Hinzu kommt nach El-Mafaalani, dass die schulischen Lerninhalte stets auf die Zukunft bezogen sind und damit keine gegenwärtige Bedeutung erhalten. Die milieuspezifische Sozialisation befördert nach Ansicht von El-Mafaalani schon früh ein Management von Knappheit, das nicht ohne weiteres veränderbar ist.

Der Wunsch, reich und berühmt zu werden, ist gerade in den unteren sozialen Schichten sehr ausgeprägt. Bildung und Lernanstrengung sind – aus Sicht der Jugendlichen – allerdings nicht der Weg, der zu diesem Ziel führt. Populäre Aufsteiger aus der Sport-, Musik- und Unterhaltungsszene sowie diverse Castingshows zeigen, dass Aufstieg auch ohne Bildung gelingen kann.

Was braucht es, damit Kinder und Jugendliche den Wunsch entwickeln, aufzusteigen? Allen Aufsteiger-Biografien gemeinsam waren: 1. Eine starke persönliche Irritation und Kränkung, die als emotionale Krise erlebt wurde und deren Ursache in der Herkunft gesehen wurde. Diese Krise führte zu der Einsicht, dass die Lebensverhältnisse wenig Möglichkeit bieten und sich der Betreffende selbst ändern muss. Mit diesem Motiv einher geht die Distanzierung von den Herkunftsfamilien. Damit verbunden ist die Gefahr der Entfremdung von Familie und Freunden. 2. Alle interviewten Aufsteiger hatten in ihrer Jugend eine Bezugsperson aus einem höheren Milieu, die sie unterstützte.

Talent, Fleiss sowie Leistungs- und Lernbereitschaft der Kinder sind also notwendig, aber nicht hinreichende Bedingungen für Erfolgskarrieren. Vielmehr müssen enorme Anpassungsleistungen vollzogen werden, die divergierende soziale Erfahrungen und Logiken vereinigen und gleichzeitig Distanzen ermöglichen und Trennungskompetenz erfordern. Interessanterweise sind die von El-Mafaalani interviewten Aufsteiger in der Regel nicht durch Lehrkräfte gefördert worden und haben über weite Strecken weder von der Familie noch von Institutionen die nötige Unterstützung und Anerkennung erfahren. Der Aufstieg durch Bildung wird erschwert durch soziale Nebenwirkungen und ist immer wieder neu zu justieren. Der soziale Aufstieg ist immer wieder mit Problemen konfrontiert, die zu Stagnation oder sogar zur Umkehr führen können. Die Gefahr der Entfremdung von der eigenen Herkunft bei gleichzeitiger Ungewissheit, eine neue soziale Heimat und Akzeptanz zu finden, ist hoch und kann zu Identitätskrisen führen."

6. Ein ungenügendes Bildungssystem als Mobilitätsbremse

Die Mehrheit der jungen Deutschen von fast 53 % bringt es derzeit in der Schule nicht bis zum Abitur[22]. Sie werden dann teilweise von Abiturienten aus Berufen verdrängt, für die sie auch ohne Abitur durchaus geeignet sind. Andererseits können auch viele Abiturienten und selbst Hochschulabsolventen nicht in die Berufslaufbahnen kommen, die sie sich erhoffen und auf die sie sich in langen Jahren vorbereitet haben.

Der Bildungsbericht der Bundesregierung unterscheidet drei Risikoklassen: bildungsfernes Elternhaus, soziales Risiko und finanzielles Risiko. Mit 29 % hatte 2012 ein erheblicher Anteil der deutschen Kinder mindestens eine der drei erwähnten Risikolagen zu tragen.

Schülerinnen und Schüler mit niedrigem soziökonomischem Status besuchen erheblich seltener das Gymnasium als diejenigen mit hohem soziökonomischen Status. Die Ausbildungsperspektiven für bildungsbenachteiligte Jugendliche bleiben prekär. Bereits in Jahrgangsstufe 5 besuchen Schülerinnen und Schüler mit hohem im Vergleich zu jenen mit niedrigem soziökonomischen Status seltener Hauptschulen (7 vs. 34 %), jedoch dreimal so häufig ein Gymnasium (64 vs. 21 %). In Jahrgangsstufe 9 beträgt der Unterschied sogar das Vierfache[23] (62 vs. 15 %). Hier schlägt also das soziale Schicksal mit einem für den Aufstieg wenig geeigneten Schulsystem brutal zu.

Selbst die deutschen Schullehrer glauben nicht an gleiche Chancen im deutschen Schulsystem. Nach der Untersuchung des Instituts für Demoskopie Allensbach im Auftrag der Vodafone Stiftung vom April 2013 meinen fast zwei Drittel der befragten Lehrer, dass Chancengerechtigkeit an deutschen Schulen „gar nicht gut" oder „weniger gut" verwirklicht ist.

Natürlich kommen die Kinder schon mit sehr unterschiedlichen Chancen ins Schulalter, je nach Bildungshintergrund der Eltern, Migrationshintergrund, Hartz-IV oder nicht, sowie sonstiger Schichtung. Kinder aus der unteren Schicht verzeichnen schon bei der Einschulung einen hohen TV-Konsum[24]. Die mit Hartz-4-Bezug leiden bereits unter erheblichen Entwicklungsproblemen, wie Konzentrationsschwierigkeiten, Problemen beim Zählen und mit der deutschen Sprache[25]. Kinder von Eltern mit niedriger Bildung bekommen nur zu 55 % täglich oder mehr als zweimal pro Woche vorgelesen, von Eltern mit hoher Bildung dagegen zu 77 %[26].

In einer stark unter Kindermangel leidenden Gesellschaft, wie besonders der deutschen (siehe Kapitel 9), kommt es umso mehr darauf an, alle Bildungsreserven zu mobilisieren. Das geschieht indessen immer weniger. Bildungs- und beruflicher Erfolg hängen unter solchen Umständen viel zu sehr von der Art des Elternhauses ab. Und da steigen Armut einerseits und Reichtum andererseits (siehe Kapitel 3).

Nach einer im Januar 2013 veröffentlichten Studie des Deutschen Instituts für Wirtschaftsforschung (DIW) hängen die unterschiedlichen Bildungserfolge der Menschen in Deutschland zu mehr als 55 % von ihrem Elternhaus ab. Auch die Ungleichheit zwischen den individuellen Arbeitseinkommen lässt sich zu etwa 40 % durch den Familienhintergrund erklären. Im internationalen Vergleich ist nach dieser Studie das Mass an Chancengleichheit in Deutschland erschreckend gering. Deutschland steht auf einer Stufe mit den Vereinigten Staaten am unteren Ende der Skala für Chancengleichheit. Am anderen Ende der Skala rangiert Dänemark, wo maximal 20 % der Ungleichheit der Arbeitseinkommen auf familiäre Einflüsse zurückgehen. Dabei hat das DIW, anstatt Eltern und

Kinder zu vergleichen, analysiert, wie ähnlich sich Geschwister sind. Wenn ein substanzieller intergenerationaler Zusammenhang vorliegt, sollten sich zwei Geschwister deutlich ähnlicher sein als zwei zufällig ausgewählte vergleichbare Individuen. Der Effekt des Familienhintergrundes wird also indirekt gemessen und dabei auch dem Einfluss genetischer Dispositionen von Talenten und Fähigkeiten innerhalb einer Familie Rechnung getragen.

Zu einem ähnlichen Ergebnis kommt eine Allensbach-Studie von 2011, wonach 77 % der Kinder, deren Eltern selbst Abitur gemacht haben, ein Gymnasium besuchen. Bei Kindern, deren Eltern eine einfache Schulbildung haben, sind es dagegen nur 29 %. Ähnlich heisst es im 4. Armuts- und Reichtumsbericht der Bundesregierung, wer aus einem ungelernten Haushalt stamme, hätte ein erhöhtes Risiko, selbst ungelernt zu bleiben. 31 % dieser Kinder verblieben in der Position des Vaters. Für diejenigen, die nicht in einer ungelernten Familie aufwachsen, betrage der Vergleichswert nur 14 %. Da also Eltern mit wenig Bildung in Deutschland durchschnittlich oft zu Kindern mit wenig Bildung führen, hat sich dieser Effekt, demgegenüber das deutsche Schulsystem versagt, über die Jahre verstärkt.

Zu allem Überfluss ist das deutsche Schulsystem auch noch in perverser Weise auf Absteigen statt Aufsteigen eingerichtet. Eine Studie der Bertelsmann Stiftung führte 2013 vor, wie deutsche Schulen doppelt so viele Absteiger wie Aufsteiger produzieren. So wurden im Schuljahr 2010/2011 50.000 Schüler auf eine niedrigere Schulform geschickt, nur 23.000 auf eine höhere. In der Sprache der Bildungsbürokratie heisst das dann „Abschulung". Das deutsche Schulsystem ist also vor allem in eine Richtung durchlässig: nach unten. Kinder aus bildungsfernen Familien schaffen es in Deutschland viel seltener ans Gymnasium und ins Studium als Mitschüler aus dem Bildungsbürgertum. Dazu die Stiftung:

„Die Dynamik absoluter Aufwärtsmobilität scheint deutlich erlahmt zu sein. Dies bedeutet, dass die Mitte nicht mehr aus dem Zustrom von Aufsteigern wächst."

Dann haben 2014 die Universitäten Dortmund und Jena im Auftrag der Bertelsmann Stiftung einen "Chancenspiegel" zum deutschen Schulsystem erstellt. Ergebnis: Die Durchlässigkeit des Schulsystems hat sich in den letzten Jahren kaum verbessert. Auf einen Wechsel von einer niedrigeren auf eine höhere Schulart in der Mittelstufe kommen 4,2 Wechsel in umgekehrter Richtung. Auch zwei Jahre zuvor hatte das Verhältnis zwischen Auf- und Abstieg 1 zu 4,3 betragen. Jörg Dräger, Vorstand der Bertelsmann Stiftung bewertete die enttäuschenden Ergebnisse so:

„Insgesamt geht es mit der Chancengerechtigkeit eher im Schneckentempo voran. Das liegt auch daran, dass der Ausbau von Ganztagsschulen nur schleppend vorwärts kommt und die Bedeutung der Förderschulen trotz Bemühungen um mehr Inklusion kaum nachlässt. Wenn sich der Ausbau der Ganztagsschulen nicht beschleunigt, dauert es noch mehr als 50 Jahre, bis für alle Kinder genug Plätze vorhanden sind. Dabei bietet gerade die gebundene Ganztagsschule gute Möglichkeiten, den Einfluss der sozialen Herkunft zu verringern. Fortschritte bei der Chancengerechtigkeit sind nicht zuletzt eine Frage von Investitionen in Bildung. Für zentrale Reformen wie Ausbau der Kitas und Ganztagsschulen, Lehrerbildung oder Inklusion fehlt den Ländern jedoch oftmals das Geld."

Nach einer Erhebung des deutschen Studentenwerks entscheiden immer noch Herkunft und Bildung der Eltern über den Zugang zur Hochschulbildung. Kinder aus Akademiker-

Familien nehmen zu 77 % ein Studium auf, Kinder aus Arbeiterfamilien dagegen nur zu 23 %.

Die neudeutsche Knauserigkeit bei der Finanzierung der Bildung hat sich trotz einiger Verbesserungen verheerend ausgewirkt. Man kann diese Entwicklung kaum perverser orten als in den Versuchen mehrerer Bundesländer, über Zeitverträge, die oft sogar während der Schulferien unterbrochen werden, Geld an den Lehrern zu sparen. Nach Feststellungen der Gewerkschaft Erziehung und Wissenschaft gab es beispielsweise in Hessen 2015 rund 6.000 Zeitverträge für Lehrer, doppelt so viele wie noch 2003.

Im Gegenzug nehmen Privatschulen und Privatuniversitäten für die, die bezahlen können, immer mehr zu. Die bildungsbürgerlichen Schichten schicken ihre Kinder vermehrt auf Privatschulen und vertiefen damit die soziale Kluft (Abb. 17297). Haben private allgemeinbildende Schulen zwischen 1998/99 und 2012/13 um fast 38 % zugenommen, so sind die öffentlichen um 18 % zurückgegangen. Private Universitäten sind in diesem Zeitraum fast auf die dreifache Zahl explodiert.

Die Dominanz der Kinder arrivierter Eltern hat sich auch unter den Hochschullehrern ausgebreitet. Die Darmstädter Soziologin Angela Graf hat dies in ihrer Dissertation untersucht und herausgefunden:

„Seit siebzig Jahren stammt die Wissenschaftselite zu fast zwei Dritteln aus den höheren Schichten. Auch die Bildungsexpansion, die seit den siebziger Jahren für eine gemischtere Studierendenschaft gesorgt hat, hat an der sozialen Exklusivität nichts geändert: Von 1985 bis heute werden 65 Prozent der Ultra-Elite aus einer hauchdünnen Bevölkerungsschicht rekrutiert: aus dem gehobenen Bürgertum und dem Grossbürgertum, denen nur 3,5 Prozent der Bevölkerung angehören."

Zu einem ähnlichen Ergebnis kommt die Paderborner Soziologin Christina Möller. Sie spricht von einem Trend zur „sozialen Schliessung der Universitätsprofessur":

„Deutlich zu erkennen ist, dass die Chancen auf eine Professur für Angehörige der obersten sozialen Schicht sich im Laufe der Jahrzehnte immer weiter verbessern – während die Chancen für die Angehörigen der untersten Schicht immer schlechter werden. Und ausgerechnet die Juniorprofessur, von einer sozialdemokratischen Regierung eingeführt, um verkrustete Strukturen aufzubrechen, verschärft die soziale Exklusivität dramatisch. Ausgerechnet bei den Juniorprofessoren geht es sozial am exklusivsten zu. Nur 7 % stammen aus der niedrigsten, aber 62 % aus der höchsten Herkunftsgruppe. Da Personen mit guter „kultureller Passung", also dem richtigen Auftreten, an der Uni schneller Erfolge haben, wird die Juniorprofessur zuerst von ihnen besetzt. Die Wissenschaftler mit weniger privilegierter Herkunft können nicht schon über ihren Habitus beglaubigen, dass sie ‚dazu' gehören. Sie brauchen mehr Zeit, um den Nachweis über ihr Können zu führen – und werden folglich auch erst später berufen."

So haben unter den Jura-Professoren 80 % Eltern, die zur gehobenen oder hohen Schicht gehören, unter den Medizinprofessoren 72 %. Und noch nie in 40 Jahren war der Anteil von Professoren aus der höchsten Schicht so hoch wie heute.

7. Internationaler Bildungsvergleich

Auch im internationalen Vergleich zeigt sich immer wieder, wie abhängig besonders in Deutschland der Bildungserfolg von der sozialen Stellung der Eltern ist. So hat die OECD in ihrer Kompetenzstudie von 2013 den Unterschied in der Lesefähigkeit zwischen Erwachsenen mit Eltern ohne Oberschulabschluss und solchen mit Eltern, von denen mindestens ein Teil Universitätsabschluss hat, international verglichen. Nirgendwo, ausser in USA, ist der Unterschied so gross wie in Deutschland[27].

Soziale Herkunft wichtiger als anderswo

Und nur in wenigen anderen Ländern ist die schulische Leistung so eng mit der sozialen Herkunft verbunden. Das zeigt sich bei den OECD-Ergebnissen für das Fach Mathematik, wo der Index für die Bedeutung der sozialen Herkunft im Drittel der höchsten Bedeutung liegt[28].

Eine neue OECD-Studie über Schüler in der untersten Kompetenzstufe im Alter von 15 Jahren (OECD. PISA Low-Performing Students) zeigt erneut, wie stark in Deutschland die schulische Leistung von der sozio-ökonomischen Situation der Schüler abhängt. Schüler aus dem untersten sozio-ökonomischen Viertel haben einen mehr als fünfmal höheren Anteil in der untersten Kompetenzstufe Mathematik als die aus dem obersten Viertel. Anders formuliert: Schulversager sind im ärmsten sozialen Viertel mehr als fünfmal häufiger als im wohlhabendsten Viertel. Geldbeutel und soziale Stellung der Eltern haben damit weiter einen erheblichen Einfluss auf den schulischen Erfolg der Kinder.

Deutschland belegt deshalb nur einen Platz im unteren Bereich des internationalen Vergleichsfelds und weit hinter skandinavischen Ländern[29] (z.B. Schweden). Der Anteil in der untersten Kompetenzstufe Mathematik liegt bei deutschen Schülern aus dem untersten sozio-ökonomischen Viertel bei nicht weniger als 31 %. Fast ein Drittel Schulversager ist eine immense Verschwendung von Humankapital. In Deutschland gehörten 2012 zu dieser untersten Kompetenzstufe 14 % aller Schüler beim Leseverständnis, 18 % bei Mathematik und 12 % in den Naturwissenschaften.

Für schwache Schulleistungen gibt es nach OECD nicht eine Ursache, sondern „eine Kombination und Akkumulation verschiedener Hürden und Benachteiligungen". Ausschlaggebend ist aber vielfach ein niedriger sozio-ökonomischer Status der Familien, aus denen die Schüler stammen. Ein familiärer Migrationshintergrund verdreifacht in Deutschland das Risiko, auf der untersten Kompetenzstufe zu bleiben.

Intergenerationale Bildungsmobilität mangelhaft

In den meisten OECD-Ländern ist die intergenerationale Bildungsmobilität nach oben hin stärker ausgeprägt als nach unten - anders ausgedrückt: Der Anteil der jungen Erwachsenen, die ein höheres Bildungsniveau erreichen als ihre Eltern, ist höher als der Anteil der jungen Erwachsenen, die ein geringeres Bildungsniveau erreichen. In Deutschland ist dies jedoch nicht der Fall: 20 % der 25- bis 34-Jährigen, die nicht mehr an Bildung teilnehmen, ist es dort gelungen, ein höheres Bildungsniveau zu erreichen als ihre Eltern, wohingegen 22 % dieser Altersgruppe ihre Ausbildung mit einem niedrigeren Niveau abgeschlossen haben. Im OECD-Vergleich mit einem Durchschnitt an Aufwärtsmobilität von 37 % gegen Abwärtsmobilität von nur 13 % belegt Deutschland den ungünstigsten Platz[30].

Dazu die OECD:

„ Deutschland weist im Ländervergleich den zweithöchsten Anteil an Abwärtsmobilität auf".

Je jünger die Deutschen sind, desto grösser ist die Gefahr, dass sie den Bildungsabschluss ihrer Eltern nicht mehr erreichen. Bei den 25- bis 34-Jährigen in Deutschland ist Bildungsmobilität nach oben weniger häufig als Bildungsmobilität nach unten. Hier haben nur 19 % der jüngeren Deutschen einen höheren, 24 % dagegen einen niedrigeren Bildungsstand als ihre Eltern. Ganz anders sieht es in vielen OECD-Mitgliedstaaten aus, wo 32 % der jungen Erwachsenen ihre Eltern beim Bildungsabschluss überflügeln und nur 16 % hinter ihren Eltern zurückbleiben[31].

Bildungsfinanzierung mangelhaft

Vor allem ist das deutsche Grundschulsystem, das für die Entwicklung der sozial Benachteiligten so grosse Bedeutung hat und in dem die Weichen für die späteren Bildungskarrieren bis zur Hochschulreife gestellt werden, notorisch unterfinanziert. Dies hat zur Folge, dass in Deutschland die Klassen grösser sind[32], mehr Schüler auf eine Lehrkraft kommen[33] und die Schüler auch weniger Unterrichtsstunden haben, besonders zwischen 7 und 8 Jahren.

Im internationalen Wettbewerb werfen die meisten Länder steigende Mittel in die Bildung. 1995 gab Deutschland 5,1 % seines BIP für Bildung aus und hat diesen Anteil nach OECD-Statistik bis 2012 auf 4,4 % abgesenkt. Die meisten anderen Länder haben dagegen je Schüler real deutlich mehr zugelegt. So lag Deutschland bei den Bildungsausgaben 2012 nur noch auf dem drittletzten Platz unter westlichen Ländern und nur vor den beiden Krisenländern Spanien und Italien[34].

Im Vergleich zu einem OECD-Durchschnitt von etwas über 8.000 US-$ in Kaufkrafteinheiten gibt Deutschland nur 7.749 US-$ je Grundschüler aus und weit weniger als beispielsweise Schweden mit 10.312 US-$[35], und dies obwohl das Verdienstniveau erfahrener Grundschullehrer in Deutschland das dritthöchste im OECD-Vergleich ist.

Hochschulabschlussquoten mangelhaft

Bei den Hochschulabschlussquoten liegt Deutschland nur im unteren Drittel des internationalen Feldes[36].
Dazu die OECD:
„Trotz steigender Studienanfänger- und Abschlussquoten im Tertiärbereich hat Deutschland beim Anteil der Bevölkerung mit Tertiärabschluss noch nicht zu den anderen Ländern aufgeschlossen. Der Anteil der Bevölkerung mit Tertiärabschluss in Deutschland ist kleiner als im OECD-Durchschnitt, und in anderen Ländern steigen die Studienanfänger- und Abschlussquoten im Tertiärbereich in rascherem Tempo. Deutschland ist eines von lediglich drei OECD-Ländern, in denen der Unterschied beim Anteil der Bevölkerung mit Tertiärabschluss zwischen den jüngeren Erwachsenen (25- bis 34-Jährigen) und den älteren Erwachsenen (55- bis 64-Jährigen) weniger als drei Prozentpunkte beträgt."

* * * * *

Insgesamt zeigt sich, dass das deutsche Bildungssystem auch im internationalen Vergleich stark von der Stellung der Eltern abhängt und wenig durchlässig ist. Die Mobilität bremst es eher, als dass es sie fördert.

8. Soziale Mobilität von Migranten

Die soziale Mobilität von Menschen mit Migrationshintergrund ist noch weit schlechter eingerichtet als die von solchen ohne. Sie sind meist mit sehr geringer Bildung und oft ohne jede berufliche Vorbildung nach Deutschland gekommen. Ausserdem gehören sie zu einem grossen Teil kulturellen und religiösen Hintergründen an, die die Integration in das deutsche Bildungssystem wie in die Gesellschaft insgesamt eher erschweren.

Deutschland ist im internationalen Vergleich mit seiner im Ausland geborenen Bevölkerung in Bezug auf den Bildungshintergrund erheblich im Nachteil. Nach Feststellungen der OECD waren 2012 etwa 35 % im Bereich niedriger schulischer Qualifizierung, einer der höchsten Werte[37]. Dagegen lag der Anteil der höher Qualifizierten nur bei etwa 21 %, verglichen mit 35 % in der Schweiz oder 34 % in Dänemark und Schweden[38].

Der Anteil an Personen mit Migrationshintergrund an der Bevölkerung steigt in den jüngeren Altersgruppen immer weiter an: Von den unter 6-Jährigen hat gut ein Drittel der Bevölkerung einen Migrationshintergrund – dabei bestehen erhebliche regionale Unterschiede. Insbesondere in Westdeutschland haben in dieser Altersgruppe einige Bundesländer schon jetzt Anteile von mehr als 40 % zu verzeichnen. Bei der heute bis zu 10 Jahre alten Bevölkerung liegt der Anteil derer mit Migrationshintergrund (in der ersten und zweiten Generation) bereits bei 35 %[39]. Ursprünglich wurden bis zum Jahr 2008 noch Immigrantenanteile für die deutschen Großstädte publiziert mit sehr hohen Anteilswerten bei Kindern bis 3 Jahre bis zu 72 % (!) für Frankfurt/M[40]. Allerdings scheint man, davon abgerückt zu sein, vielleicht weil so hohe Werte die Besorgnisse in der heimischen Bevölkerung verstärken.

Die Zahl der Kinder mit Migrationshintergrund wird auch ohne zusätzliche Einwanderung schon deshalb stark zunehmen, weil Frauen mit Migrationshintergrund wesentlich mehr Kinder haben als solche ohne: bei 2 Kindern liegt ihre Zahl um mehr als ein Viertel höher, bei drei fast doppelt so hoch und bei drei und mehr Kindern fast dreimal so hoch[41].

Von den drei im Bildungsbericht 2014 erwähnten Risikolagen (bildungsfernes Elternhaus, soziales Risiko und finanzielles Risiko) hatten Kinder mit Migrationshintergrund 2012 fast zur Hälfte (47 %) mindestens ein Risiko zu tragen, während es im Durchschnitt der Gesamtbevölkerung nur 29 % waren.

Die Probleme fangen schon im Vorschulalter an. So fallen Kinder mit türkischem Hintergrund durch eine geringe Teilnahme an Eltern-Kind-Kursen auf[42]. Auch nehmen sie Kita-Angebote seltener in Anspruch: Russischstämmige Familien behalten ihre Kinder im Schnitt sieben Monate länger zu Hause als deutsche, türkischstämmige Familien sogar elf Monate. Von den zugewanderten Eltern geben nur 14 % ihr Kind vor dem dritten Geburtstag zur Betreuung in fremde Hände, von den übrigen Müttern und Vätern waren es 2011 30 %. Die negativen Folgen sind ziemlich eindeutig: Kinder mit Migrationshintergrund, die erst spät oder gar nicht in die Kita gehen, sind häufig in ihrer Schullaufbahn weniger erfolgreich. Einer der wichtigsten Gründe sind dabei Probleme mit der deutschen Sprache. So haben etwa türkischstämmige Kinder, die mehr als drei Jahre im Kindergarten waren, nur zu 19 % entsprechenden Förderbedarf - diejenigen, die nur ein Jahr dort waren, dagegen zu 61 %.

Im Ergebnis ist bei Kindern unter drei Jahren mit Migrationshintergrund die Betreuungsquote weniger als halb so gross wie bei Kindern ohne diesen Hintergrund[43]; auch zwischen 3 und 6 Jahren klafft ein Unterschied von 87 % zu 96 %. Das Betreuungsgeld für die Betreuung zu Hause ist eindeutig ein Schritt gegen die Integration.

Der Sachverständigenrat deutscher Stiftungen für Integration und Migration (SVR) hat zu ermitteln versucht, warum es diesen Unterschied im Kindergartenbesuch gibt. Einer der wesentlichen Gründe für die Entscheidung der Eltern sind pädagogische Vorstellungen, zum Beispiel darüber, wann der richtige Zeitpunkt ist, ein Kind ausserhalb der Familie betreuen zu lassen. Türkischstämmige Bürger kennen etwa aus ihrem Herkunftsland die Institution Kindergarten kaum. Der Schwerpunkt in der Erziehung der Kleinkinder besteht dort darin, eine gute und enge Beziehung zwischen Eltern und Nachwuchs aufzubauen. Die Erziehung zur Eigenständigkeit und das frühe Lernen rangieren dahinter. Vor allem Einwanderer der ersten Generation und solche mit einem niedrigen Bildungsniveau bemängeln auch die Qualität der Kitas und Krippen. Sie finden vor allem den Betreuungsschlüssel zu schlecht und die Gruppen zu gross.

Für die Zukunft empfiehlt die Studie des SVR neben dem weiteren Ausbau der Kita-Plätze vor allem eine Abkehr vom Betreuungsgeld. Schon jetzt würden mehr als ein Drittel der Eltern, die ihre Kinder zu Hause erziehen, diesen Schritt mit den Kita-Kosten begründen. Erfahrungen aus Norwegen zeigten, dass vor allem sozial benachteiligte Familien lieber das Geld nehmen als den Krippenplatz. Statt den Eltern direkt Geld auszuzahlen, solle die Krippenbetreuung künftig besser gebührenfrei sein.

Besonders deutlich werden die Probleme mangelnder sozialer Mobilität bei türkischen Familien. Hier sind die Anteile von Kindern, deren Eltern nur einen niedrigen Bildungsabschluss haben mit 45 % sehr hoch[44]. Nur 20 % der Kinder mit türkischem Hintergrund wird von der Schule der Übergang aufs Gymnasium empfohlen, viel weniger als die 49 % bei Kindern ohne Migrationshintergrund. Die Bildungsdefizite halten sich also in den Familien. Hinzu kommt in türkischen Familien der begrenzte Gebrauch von Deutsch als Hauptsprache. Hauptsächlich Deutsch sprechen nach einer Studie des Deutschen Jugendinstituts nur 38 % der Mädchen und 45 % der Jungen. Dabei erreichen 9-12-jährige Kinder, in deren Familien nur Türkisch gesprochen wird, im Durchschnitt nur eine Deutschnote von 2,8 gegenüber 2,4 für Kinder aus Familien, in denen nur Deutsch gesprochen wird. Dass ausgerechnet die türkischen Mädchen noch gegenüber den Jungen zurückliegen, verspricht Schwierigkeiten bei der Integration der von diesen Mädchen später aufgezogenen nächsten Generation. So kann nicht überraschen, wenn bei Menschen mit türkischem Hintergrund der Anteil mit berufsqualifizierendem Bildungsabschluss mit 27 % bei den Männern und gerade einmal 18 % bei den Frauen sehr niedrig ist, und das obwohl die Familien schon sehr lange in Deutschland leben[45].

Nach Feststellungen der Bundesagentur für Arbeit ist ein Drittel der Migranten, die Hartz-IV bekommen, nur „schwer" oder „sehr schwer" auf Deutsch verständigen. Mangels beruflicher Qualifikation ist ein sehr grosser Teil der Migranten und ihrer Nachkommen zur Arbeitslosigkeit und zu einem Leben auf Hartz-4-Niveau verdammt[46]. Ihr Anteil an Hartz-IV-Empfängern ist doppelt so hoch wie bei der heimischen Bevölkerung; unter den Hartz-IV-Empfängern selbst liegt ihr Anteil bei 40 %. Ohne Arbeit droht Armut im reichen Land Deutschland. Die Armutsquote unter Menschen mit Migrationshintergrund ist schon jetzt sehr hoch und mehr als das Doppelte der heimischen Bevölkerung[47]. Der Anteil der Menschen mit Migrationshintergrund, die von öffentlicher Unterstützung leben, ist mehr als doppelt so hoch. Von eigener Arbeit leben nur 39 %, mit türkischem Hintergrund sogar nur 33 %, mit afrikanischem 32 %[48]. Ohne eigene Arbeit lassen sich die Immigranten aber kaum integrieren. Vor allem Frauen mit muslimischem Hintergrund sind oft sehr schlecht ausgebildet und dementsprechend arbeitslos.

Unter dem Verlust sozialer Mobilität in einer verkrusteten Gesellschaft leidet ein grosser, viel zu grosser Teil der Menschen mit Migrationshintergrund ganz besonders (soweit sie nicht auf den Aufstieg freiwillig verzichten). Diese Situation ist auch sehr wenig geeignet, um Millionen von zusätzlichen Migranten zu integrieren.

9. Der Verlust sozialer Mobilität vor dem demographische Hintergrund

Der Verlust sozialer Mobilität ist umso gefährlicher, als sozialer Aufstieg schon wegen der negativen demographischen Entwicklung dringend nötig wäre. Immer mehr höher qualifizierte Arbeitnehmer scheiden aus dem Erwerbsleben aus und müssen durch gleichwertige ersetzt werden, soweit nicht der Produktivitätsfortschritt Lücken füllt. Doch es wachsen immer weniger nach, bei den Schulanfängern nach der Bevölkerungsvorausberechnung des Statistischen Bundesamts in 30 Jahren schon mehr als ein Fünftel weniger[49]. Da die meisten Mütter, deren Zahl der Berechnung zugrunde liegt, mit einem starken zahlenmäßigen Minus gegenüber früheren Generationen schon geboren sind, wird sich an den Annahmen wenig ändern.

Schon seit der Wiedervereinigung liegt die Geburtenziffer bei unter 1,5 Kindern pro Frau im gebärfähigen Alter, im letztgemeldeten Jahr 2014 mit 1,47 fast auf demselben niedrigen Niveau wie zur Zeit der Wiedervereinigung, als die Geburtenziffer in den neuen Bundesländern tief abstürzte[50]. Das wird nur noch von den krisengeschüttelten Ländern Italien, Spanien, Portugal und Griechenland in Westeuropa unterboten[51]. Deutschland hat mit wenig über 2 % vor Italien und Portugal den kleinsten Anteil an Haushalten mit drei und mehr Kinder und die meisten davon entfallen wahrscheinlich auf Familien mit Migrationshintergrund[37].

Bei solchem Geburtenverhalten bleiben von 100 Müttern nach drei Generationen nur 54 Enkelinnen übrig, die - soweit nicht kinderlos - Nachwuchs in die deutsche Welt setzen werden (jeder kann die Rechnung selbst machen). Dementsprechend sinkt auch die Zahl der Geburten immer weiter;

seit dem Gipfelchen vor der Wiedervereinigung um 21 %, wobei zuletzt eine leichte Aufwärtsbewegung zu verzeichnen war[52].

Der Schrumpfungs- und Alterungsprozess mit seinen sozialen Auswirkungen läuft in Deutschland ziemlich rasant[53]. Das deutsche Durchschnittsalter steigt im internationalen Vergleich besonders rasch und wird um 2040 über 51 Jahre liegen, verglichen mit etwas unter 41 Jahren für die USA, um 38 Jahre für Asien und knapp 26 Jahren für Afrika[54].

Man könnte zwar mehr Migranten ins Land holen, um die die Bevölkerung zu verjüngen, jedoch sind die nach allen Erfahrungen schwer zu integrieren und kommen meist mit einem unzulänglichen Bildungsniveau und nur selten mit ausreichender beruflicher Bildung. Zudem hat sich gezeigt, dass das deutsche Bildungssystem mit seiner Tendenz zur „Abschulung" (siehe oben) gerade für Migranten wenig geeignet ist. Ausserdem würde der Familiennachzug den Altersdurchschnitt auch bei den Migranten wieder anheben. Schliesslich ist unsicher, wie lange die Migranten bei uns bleiben.

10. Die Auswirkungen auf den demokratischen Prozess

Statt wie früher über die Hoffnung auf sozialen Aufstieg die ungeheuren Energien freizusetzen, die zu immensen Arbeitsleistungen, zu Disziplin, Verzicht und Leidensfähigkeit im Dienste einer besseren Zukunft anspornten, führt heute der Verlust an sozialer Mobilität in einer verkrusten Gesellschaft bei sehr vielen Menschen zu Hoffnungslosigkeit, dem Gefühl von Ausgeschlossenheit und anhaltender Verbitterung.

Immer mehr Menschen in Deutschland wenden sich von den demokratischen Volksparteien ab, an deren Versprechen von Chancengleichheit in der Gesellschaft sie zu glauben längst aufgehört haben. Seit 1990 hat die SPD schon 51 %, die CDU 42 % ihrer Mitglieder verloren und der Trend ist klar auf weiteren Abstieg gerichtet[55]. Die Parteien leiden umso mehr an altersbedingter Auszehrung: Der Altersdurchschnitt liegt bereits um 60 Jahre. Über die Hälfte der Mitglieder von SPD, CDU und Linkspartei sowie über 46 % der Mitglieder der CSU sind älter als 60 Jahre. Diese Gruppe ist damit in den Parteimitgliedschaften im Vergleich zur Bevölkerung deutlich überrepräsentiert. Bezeichnend ist die Situation bei der SPD: Waren im Jahre 1974 nur 17,5 % der Mitglieder über 60 Jahre alt, so sind es jetzt mehr als 52 %[56]. Der Anteil der Parteimitglieder deutscher Parteien an den Wahlberechtigten ist wenig überraschend auf unter 2 % gesunken.

Auch die Wahlbeteiligung ist seit vielen Jahren gefallen und liegt nur noch bei wenig über 70 %. Damit erscheint schon weit mehr als ein Viertel der Wahlberechtigten nicht mehr an der Wahlurne[57]. Selbst die derzeitige Grosse Koalition ist an der Wählerzahl gemessen eine Minderheitsregierung von nur 48 %. Die Partei der Wahlenthalter war 2013 mit fast 18 Mio. um fast 3 Mio. grösser als der Stimmenanteil der gewinnenden CDU. Nach Umfragen von Eurobarometer im Auftrag der EU-Kommission vertrauen nur noch 16 % der in der EU Befragten den politischen Parteien, in Deutschland sind es noch 26 %.

Aufstiegsfrust und Wahlenthaltung gehen eng zusammen. Es sind gerade die sozial Benachteiligten, die nicht mehr auf die Hilfe durch die Parteien setzen und in ihrer Hoffnungslosigkeit zur Wahlenthaltung neigen. Ausgerechnet die eher konservative Bertelsmann-Stiftung hat das zusammen mit dem Max-Planck-Institut für Gesellschaftsforschung und Infratest dimap in einer Auswertung der Stimmbezirke bei der Bundestagswahl von 2013 an die Öffentlichkeit gebracht[58]. In Stadtteilen mit der niedrigsten Wahlbeteiligung gehören fast zehnmal so viele Menschen (67 %) einem sozial prekären Milieu an wie in den Stadtteilen mit der höchsten Wahlbeteiligung (7 %), sind fast fünfmal so viele Menschen arbeitslos (15 %) wie in den Stadtteilen mit der höchsten Wahlbeteiligung (3 %), haben mehr als doppelt so viele Menschen (15 %) keinen Schulabschluss und gleichzeitig weit weniger als die Hälfte das Abitur (18 %) wie in den Stadtteilen mit der höchsten Wahlbeteiligung und liegt die durchschnittliche Kaufkraft der Haushalte mit 35.000 Euro/Jahr um ein Drittel unterhalb der Kaufkraft in den Stadtteilen mit der höchsten Wahlbeteiligung (52.000 Euro).

Gerade die Menschen, die den Bildungsaufstieg nicht geschafft haben, neigen zur Wahlenthaltung[59].

Die deutsche Demokratie entwickelt sich so zu einer Demokratie der zwei Klassen: Die oberen zwei Drittel der Gesellschaft haben deutlich mehr Einfluss auf die Zusammensetzung des Bundestags und der neuen Regierung genommen als das untere Drittel. In den Worten der Studie:

„Die Demokratie wird zu einer exklusiven Veranstaltung für Menschen aus den mittleren und oberen Sozialmilieus der Gesellschaft, während die sozial prekären Milieus deutlich unterrepräsentiert bleiben. Die Bundestagswahl 2013 war deshalb eine sozial prekäre Wahl."

Wie die Politikwissenschaftlerin Ingrid van Biezen schreibt, haben die politischen Parteien Europas mit Beginn des 21. Jahrhunderts die Fähigkeit verloren, die Bürger einzubinden. Man sollte hinzufügen: besonders die Bürger, die unter dem Verlust an sozialer Mobilität in einer verkrusteten Gesellschaft leiden. So siecht auch das deutsche Demokratiesystem, das auf der Vermittlung des Wählerwillens durch Parteien und ihre Vertreter im Parlament beruht, dahin.

Nachwort

Wer hat nicht in jungen Jahren vom unaufhaltsamen Aufstieg geträumt, bis man sich all die schönen Sachen in den Schaufenstern kaufen kann? Es gibt bei Brecht das Theaterstück vom „Unaufhaltsamen Aufstieg des Arturo Ui", bei dem es allerdings um Macht geht. Auch davon werden einige in jungen Jahren träumen. Später muss fast jeder begreifen, dass die Bäume nicht in den Himmel wachsen. Selbst für einen kleinen Aufstieg wird viel Geduld nötig und bei vielen klappt es dennoch nicht.

Die Frustration ist weniger stark, wenn alle – wie auf einer Rolltreppe – nach unten oder oben fahren, aber meldet sich umso heftiger, wenn sich immer mehr Menschen an uns vorbei nach oben zwängen. Denn die eigene soziale Mobilität wird vor allem am Schicksal anderer Menschen gemessen, zumal wenn sie in unserer Wettbewerbsgesellschaft Konkurrenten sind. Kinder vergleichen sich oft an der sozialen Entwicklung ihrer Eltern. Die sind besonders unzufrieden, wenn sich ihre Kinder nicht mindestens ebenso gut entwickeln können, wie ihnen das vergönnt war, und nach Möglichkeit noch besser.

Derzeit stoppt die wirtschaftlich-soziale Rolltreppe eigentlich schon seit sehr vielen Jahren oder bewegt sich nur noch im Schneckentempo. Dennoch kommen immer wieder Überholer vorbei und beweisen uns, wie schlecht es um Chancengleichheit und soziale Mobilität in unserer Gesellschaft bestellt ist. Das ist jedes Mal bitter.

Viele Menschen versuchen es dann mit immer mehr Arbeitseinsatz, leistungsstärkenden Medikamenten und oft einem Zweitjob[60] und brennen umso früher aus. So hat die Zahl der „Burn-out"-Fälle (Probleme mit Bezug auf Schwierigkeiten bei der Lebensbewältigung) stark zugenommen und betrifft schon jedes zehnte Mitglied der AOK-Versicherten[61]. Nach einer Hochrechnung im Fehlzeitenreport bezogen auf die mehr als 34 Millionen gesetzlich krankenversicherten Beschäftigten in Deutschland waren 2011, also in einem einzigen Jahr, mehr als 130.000 Personen wegen eines Burnouts krankgeschrieben. Das ergab insgesamt 2,7 Millionen Fehltage.

Wir müssen uns leider darauf einrichten, daß die Zeiten einer zügigen Rolltreppe, die über ein entsprechendes Wirtschaftswachstum auch den sozial Benachteiligten Hoffnung machen konnte, definitiv oder jedenfalls für lange Zeiten vorbei sind. Es müßte schon dramatisch neue Erfindungen geben, wie seinerzeit Dampfmaschine, Glühbirne oder den Benzinmotor, um die Volkswirtschaften noch einmal durchstarten zu lassen. Doch solche umwälzenden Erfindungen sind nicht in Sicht. Was stattdessen in Sicht ist, sind die Belastungsgrenzen unserer Umwelt. In dieser Lage wird der Verlust von Chancengleichheit und sozialer Mobilität erst recht zu einem schweren Problem unserer Gesellschaft.

Gesellschaften, die sich - wie die deutsche - gleichzeitig in einer demographischen Krise befinden, belasten erst recht ihre Zukunft, wenn sie ihre humane Substanz nicht maximal entwickeln. Letztlich entspricht dem Verlust an Mobilität und Chancengleichheit ein enormer Verlust an Solidarität in der Gesellschaft, dies das Ergebnis der uns aufoktroyierten neoliberalen Ordnung.

Bevor man sich selbst und seine angeblich nicht ausreichende eigene Leistungsfähigkeit für sein Schicksal verantwortlich macht, sollte man die Umstände unserer Gesellschaft betrachten. Dann lässt sich schnell erkennen, wie stark ganz allgemein Chancengleichheit und soziale Mobilität nachgelassen haben und wie sehr die politische Klasse im Unrecht ist, wenn sie diese Werte immer wieder beschwört, als würden sie von ihr tagtäglich eisern verteidigt. Zu dieser Betrachtung wollte das Buch einen Beitrag leisten.

Eine weitere Folge des Verlusts der Hoffnung auf sozialen Aufstieg wird nun zunehmend in Strassenprotesten sichtbar. Je länger die Deflationskrise mit sehr niedrigen Zuwachsraten der Volkswirtschaften andauert, umso unruhiger werden die Menschen, die sich um ihre Zukunft betrogen sehen. Das bringt die vereinfachenden Populisten nach vorn, wie das in USA mit Donald Trump geschehen ist. Aber auch in Deutschland ist an solchen Kräften kein Mangel. Die Hoffnung stirbt immer zuletzt. Doch wenn sie stirbt, wird die Zukunft für die betroffenen Menschen ziemlich dunkel.

1-19151: Aufstiegschancen in Deutschland 2013 in %

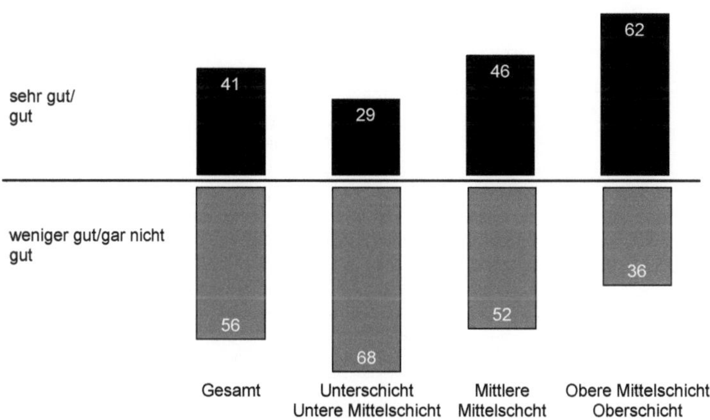

Quelle: Umfrage infratest dimap für REPORT MAINZ. © Jahnke - http://www.jjahnke.net

2-19148: Entwicklung der Einkommensmobilität 1983 - 1990, Westdeutschland

1983	1990					
	Arm	Untere Mitte	Obere Mitte	Wohl-habend	Reich	Sehr Reich
Arm	32.35	48.96	17.36	1.09	0.25	0.00
Untere Mitte	11.53	53.55	28.50	5.17	0.78	0.47
Obere Mitte	3.69	29.74	46.42	15.59	3.81	0.75
Wohlhabend	2.39	12.92	38.32	34.02	10.96	1.40
Reich	0.25	8.21	14.31	17.87	50.41	6.61
Sehr Reich	0.00	7.57	14.20	17.35	29.76	33.11

Quelle: WSI-Verteilungsbericht 2015. © Jahnke - http://www.jjahnke.net

3-19149: Entwicklung der Einkommensmobilität 2005 - 2012, Westdeutschland

2005	2012					
	Arm	Untere Mitte	Obere Mitte	Wohl-habend	Reich	Sehr Reich
Arm	45.62	39.47	14.14	2.80	0.97	0.00
Untere Mitte	15.86	61.53	20.19	2.09	0.32	0.00
Obere Mitte	1.85	31.58	51.65	12.23	2.18	0.49
Wohlhabend	2.37	6.40	35.61	38.78	15.59	1.25
Reich	0.25	4.49	18.30	22.34	44.82	9.79
Sehr Reich	0.00	6.58	9.08	10.35	17.57	56.42

Quelle: WSI-Verteilungsbericht 2015. © Jahnke - http://www.jjahnke.net

4-19150: Anteilsverschiebung bei Armen und Mittelklasse jeweils über 8 Jahre

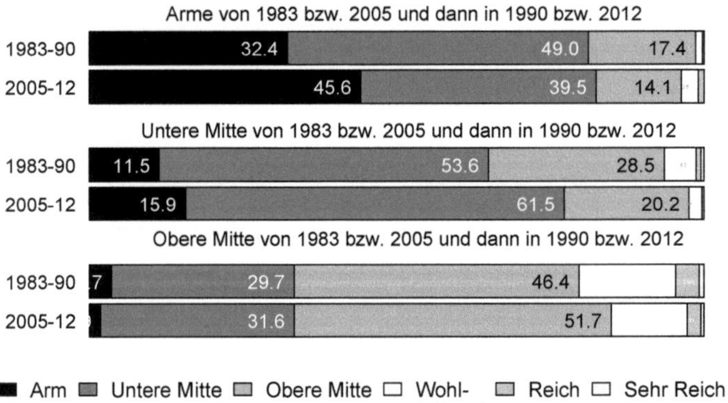

Quelle: WSI-Verteilungsbericht 2015. © Jahnke - http://www.jjahnke.net

5-19152: Entwicklungen von beruflichen Auf- und Abstiegen

nach Herkunftsklasse(Erwerbstätige, 30–64 Jahre, in schwarz Männer, in grau Frauen, Kasten sind Abstiege, Dreiecke sind Aufstiege)

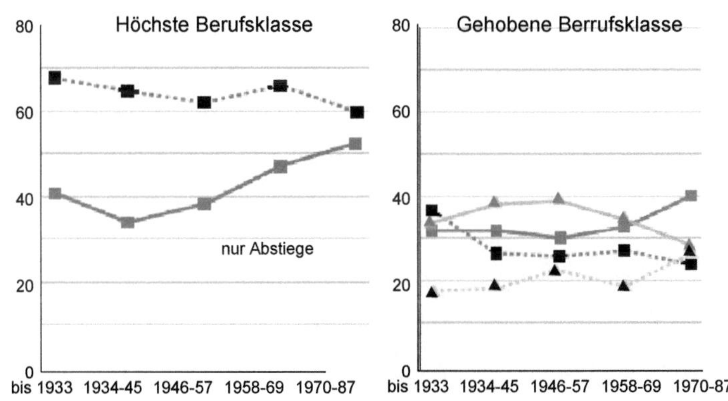

Quelle: Olaf Groh-Samberg · Florian R. Hertel: Ende der Aufstiegsgesellschaft?

6-19153: Entwicklungen von beruflichen Auf- und Abstiegen

nach Herkunftsklasse (Westdeutsche Erwerbstätige, 30–64 Jahre, in schwarz Männer, in grau Frauen, Kasten sind Abstiege, Dreiecke sind Aufstiege)

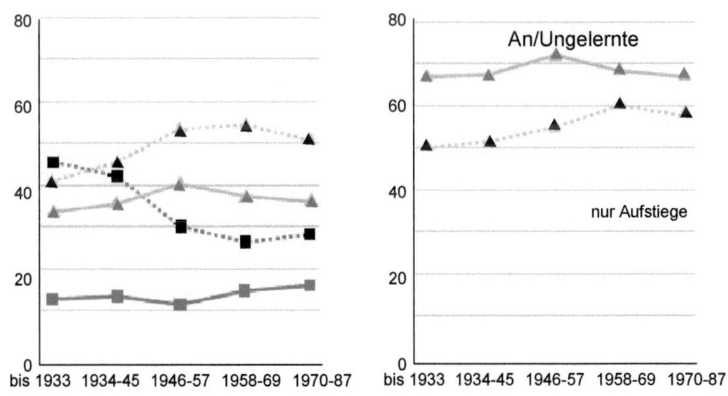

Quelle: Olaf Groh-Samberg · Florian R. Hertel: Ende der Aufstiegsgesellschaft?

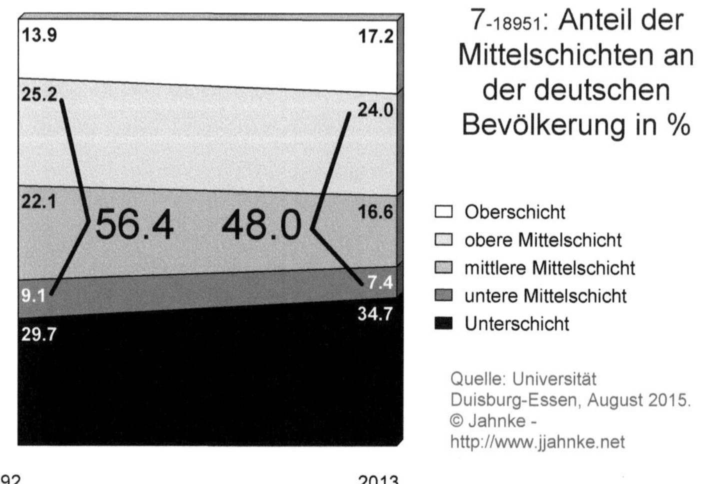

7-18951: Anteil der Mittelschichten an der deutschen Bevölkerung in %

Quelle: Universität Duisburg-Essen, August 2015. © Jahnke - http://www.jjahnke.net

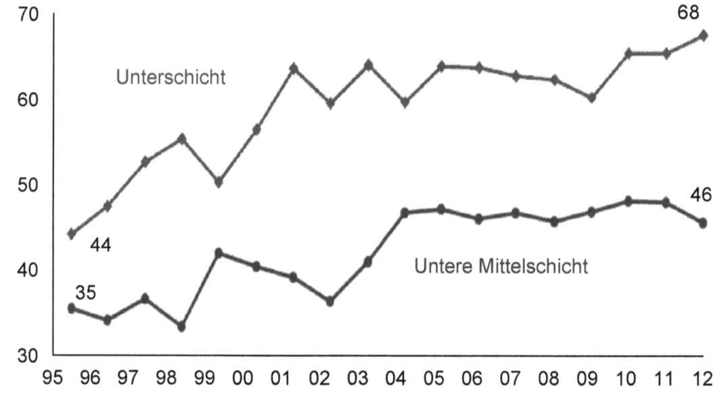

8-18957: Niedriglohnrisiko abhängig Beschäftigter nach Schichten in %

Quelle: Universität Duisburg-Essen, August 2015. © Jahnke - http://www.jjahnke.net

9-18952: Abnahme der Arbeitszeiten 2011-2013 gegenüber 1995-1997 in %

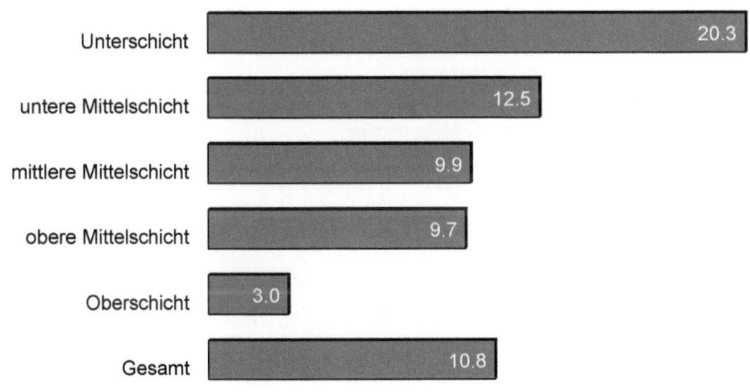

Quelle: Universität Duisburg-Essen, August 2015. © Jahnke - http://www.jjahnke.net

10-18958: Anteil der Vollzeitbeschäftigten (>=35 Wochenstunden) unter den abhängig Beschäftigten nach Einkommensschichten

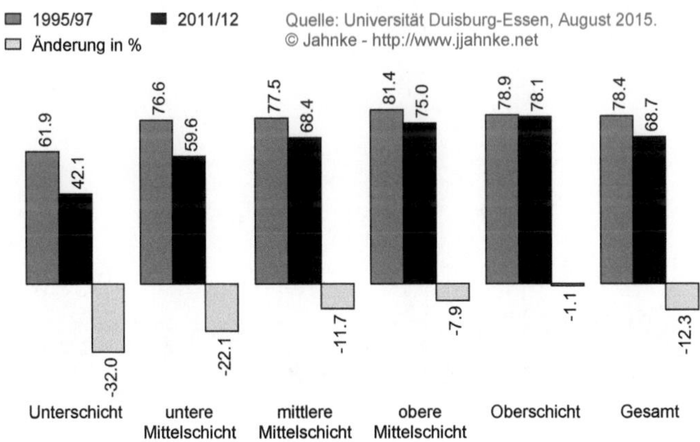

11-18954: Durchschnittlicher Stundenlohn auf Haushaltsebene nach Einkommensklasse (äquivalenzgewichtetes verfügbares Haushaltseinkommen) 2011 – 2013 in €

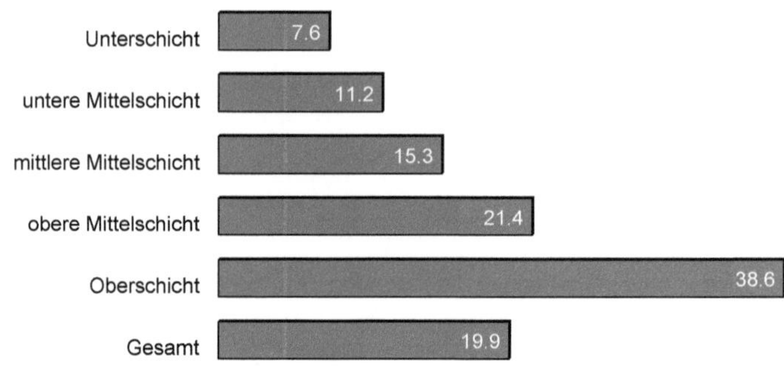

Quelle: Universität Duisburg-Essen, August 2015. © Jahnke - http://www.jjahnke.net

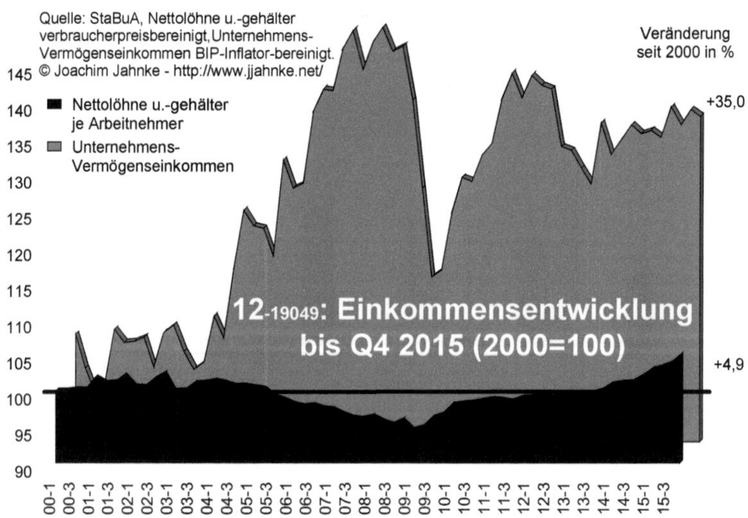

13-19063: Durchschnittliche Bruttomonatsverdienste nach Leistungsgruppen in Euro 2. Quartal 2015

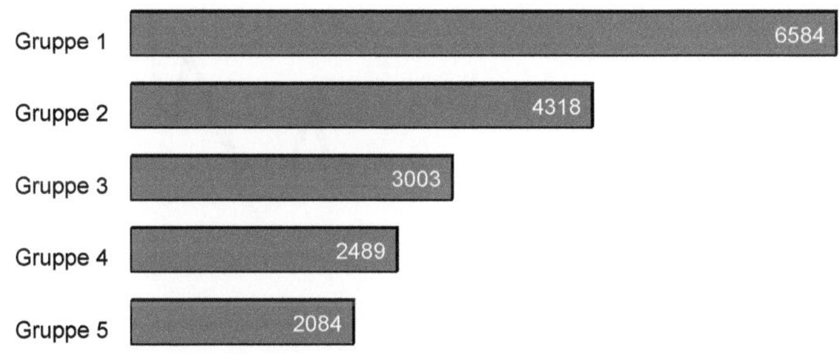

Quelle: Statistisches Bundesamt. 1=Leitende Stellung, 2=Herausgehobene Fachkräfte, 3=Fachkräfte, 4=Angelernte Arbeitnehmer, 5=Ungelernte Arbeitnehmer.
© Jahnke - http://www.jjahnke.net

14-19136: Anteil der in Arbeit Armen in Deutschland

Quelle: Eurostat. © Jahnke - http://www.jjahnke.net

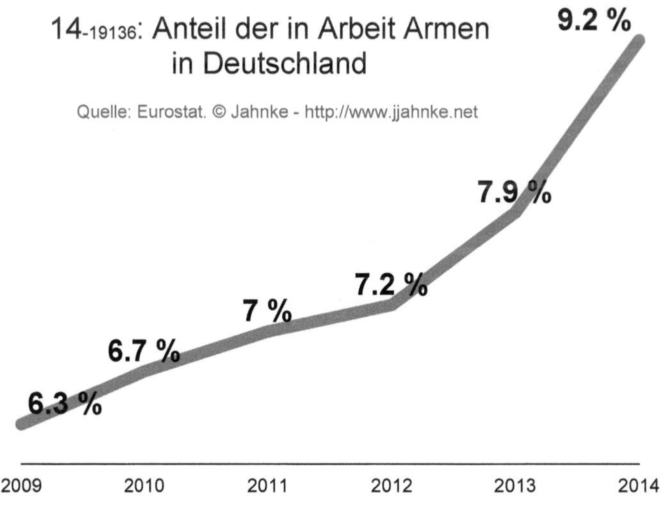

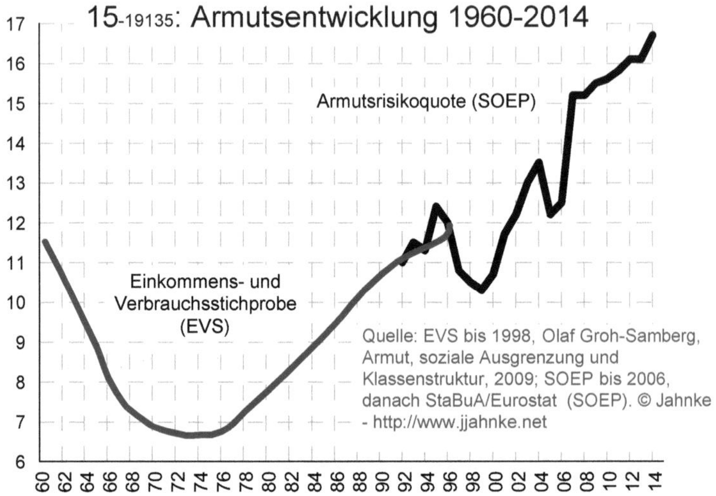

16-19145: Mindestlöhne in Westeuropa in Euro/Stunde 2016

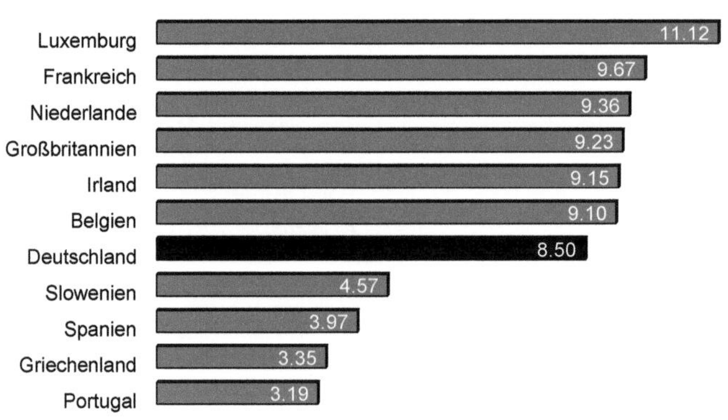

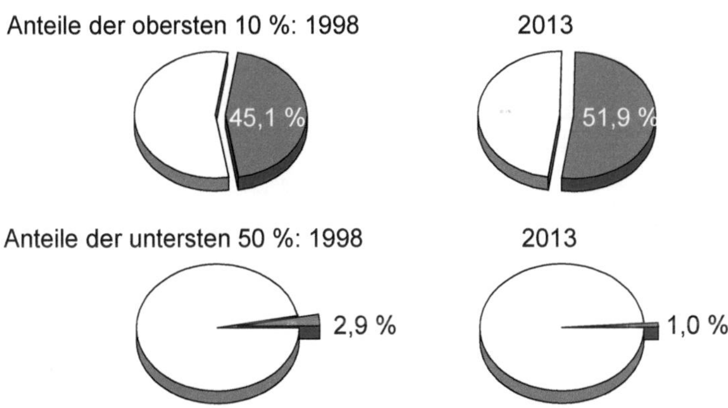

17-19099: Vermögensverteilung in Deutschland

Quelle: Bundesregierung, Einkommens- und Verbrauchsstichprobe . © Jahnke - http://www.jjahnke.net

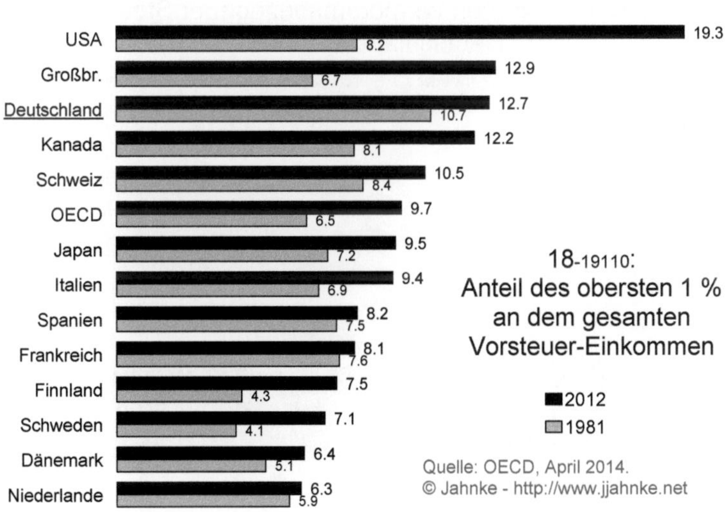

Quelle: OECD, April 2014.
© Jahnke - http://www.jjahnke.net

19-14658: Deutscher Spitzensteuersatz mit Reichensteuer

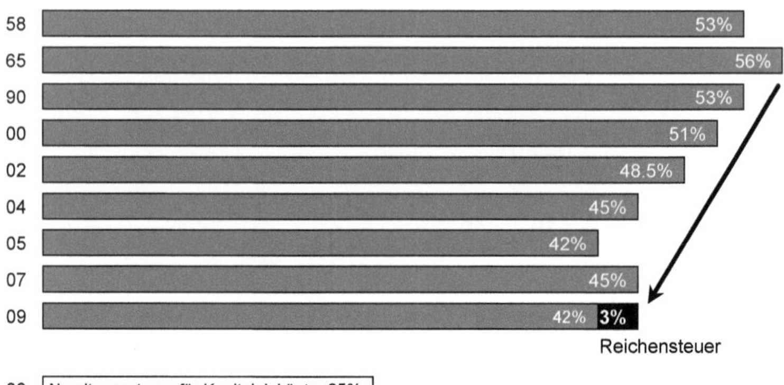

Quelle: BMF. © Joachim Jahnke - http://www.jjahnke.net/

20-14719: Aufkommen vermögensbezogener Steuern in Deutschland in % BIP

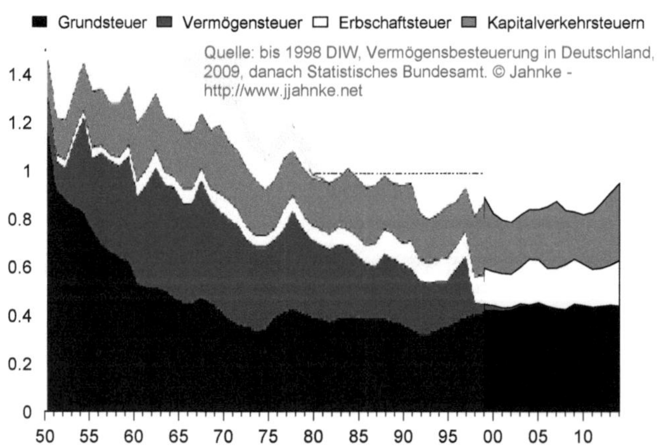

21-17123: Vollzeitbeschäftigtes Personal im deutschen öffentlichen Dienst in Mio

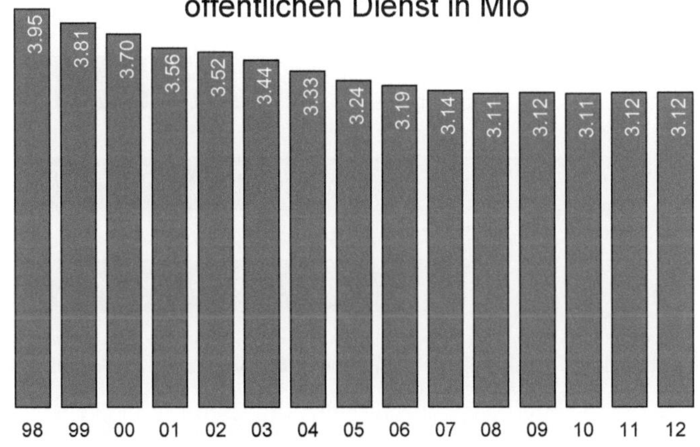

Quelle: Statisches Bundesamt. © Jahnke - http://www.jjahnke.net

22-19157: Bevölkerung 2012 nach allgemeinbildendem Abschluss im Alter von 20 bis 25 Jahre in %

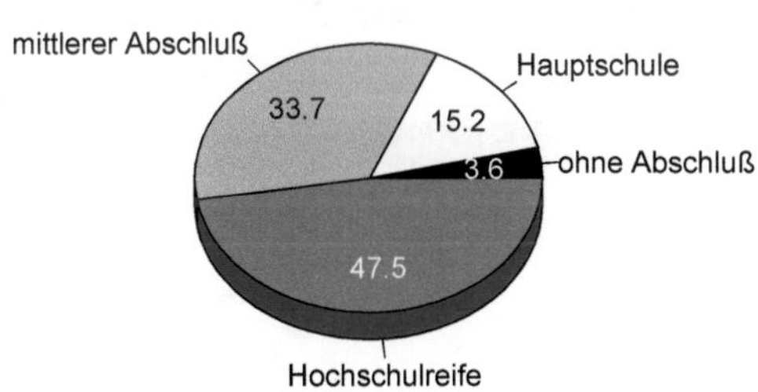

Quelle: Bundesbildungsbericht 2014. © Jahnke - http://www.jjahnke.net

23-19158: Schulbesuch nach Sozioökonomischem Status Jahrgangsstufe 9 (2011 in %)

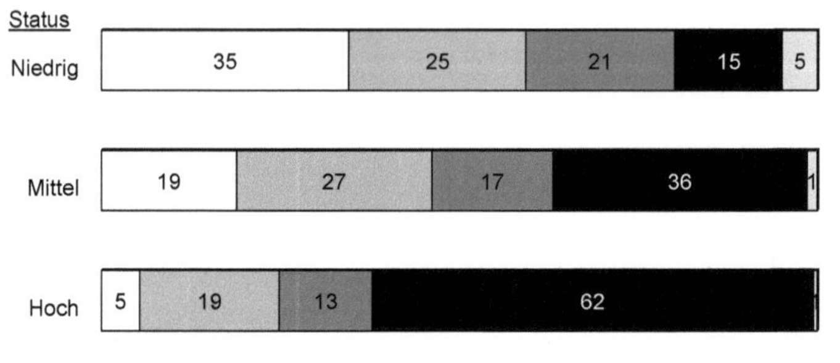

Quelle: Bundesbildungsbericht 2014, *) Gesamtschule und mehrere Bildungsgänge .
© Jahnke - http://www.jjahnke.net

24-18799: TV-Konsum von Kindern bei der Einschulung (ohne Gameboy und Computer) in %

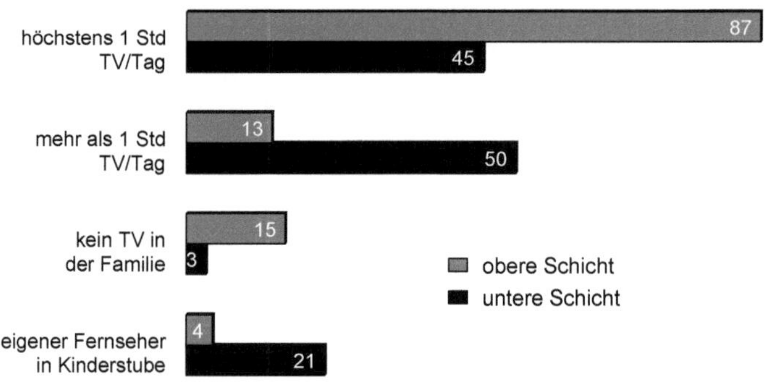

Quelle: Gesundheitsberichterstattung Berlin-Mitte. © Jahnke -
http://www.jjahnke.net

25-18824: Entwicklungsprobleme von Kindern zum Zeitpunkt der Einschulung

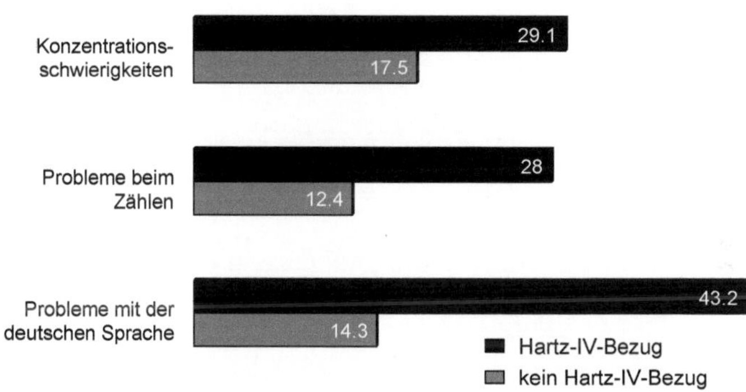

Quelle: Schuleingangsuntersuchung Mühlheim/Ruhr. © Jahnke - http://www.jjahnke.net

26-19155: Vorlesehäufigkeit nach Bildung der Eltern 2013 in %

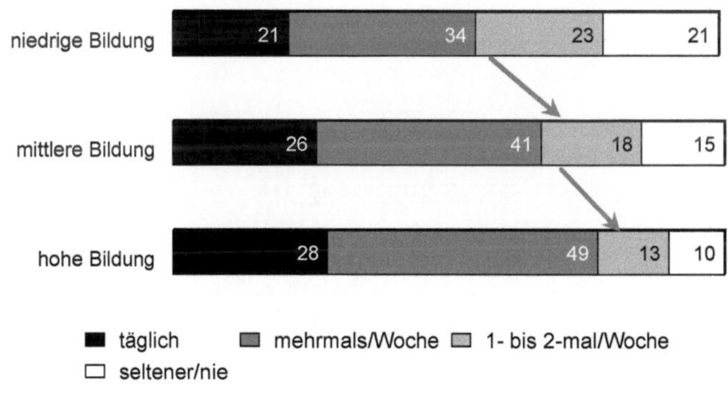

Quelle: Stiftung Lesen, Vorlesestudie 2013. © Jahnke - http://www.jjahnke.net©
Jahnke - http://www.jjahnke.net

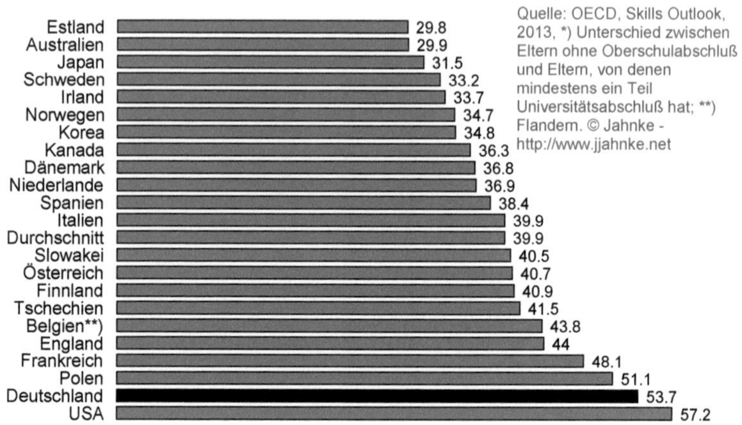

27-17890: Lesefähigkeit in Abhängigkeit vom Bildungsniveau der Eltern*)
Estland 29.8
Australien 29.9
Japan 31.5
Schweden 33.2
Irland 33.7
Norwegen 34.7
Korea 34.8
Kanada 36.3
Dänemark 36.8
Niederlande 36.9
Spanien 38.4
Italien 39.9
Durchschnitt 39.9
Slowakei 40.5
Österreich 40.7
Finnland 40.9
Tschechien 41.5
Belgien**) 43.8
England 44
Frankreich 48.1
Polen 51.1
Deutschland 53.7
USA 57.2
Quelle: OECD, Skills Outlook, 2013, *) Unterschied zwischen Eltern ohne Oberschulabschluß und Eltern, von denen mindestens ein Teil Universitätsabschluß hat; **) Flandern. © Jahnke - http://www.jjahnke.net

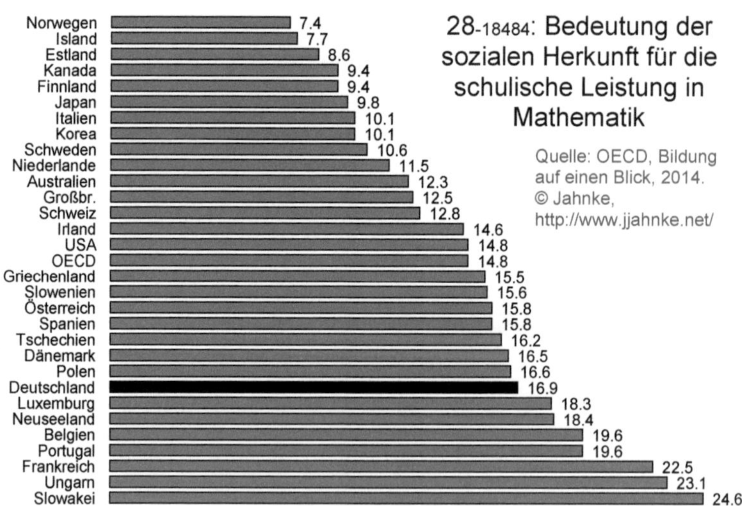

28-18484: Bedeutung der sozialen Herkunft für die schulische Leistung in Mathematik
Norwegen 7.4
Island 7.7
Estland 8.6
Kanada 9.4
Finnland 9.4
Japan 9.8
Italien 10.1
Korea 10.1
Schweden 10.6
Niederlande 11.5
Australien 12.3
Großbr. 12.5
Schweiz 12.8
Irland 14.6
USA 14.8
OECD 14.8
Griechenland 15.5
Slowenien 15.6
Österreich 15.8
Spanien 15.8
Tschechien 16.2
Dänemark 16.5
Polen 16.6
Deutschland 16.9
Luxemburg 18.3
Neuseeland 18.4
Belgien 19.6
Portugal 19.6
Frankreich 22.5
Ungarn 23.1
Slowakei 24.6
Quelle: OECD, Bildung auf einen Blick, 2014. © Jahnke, http://www.jjahnke.net/

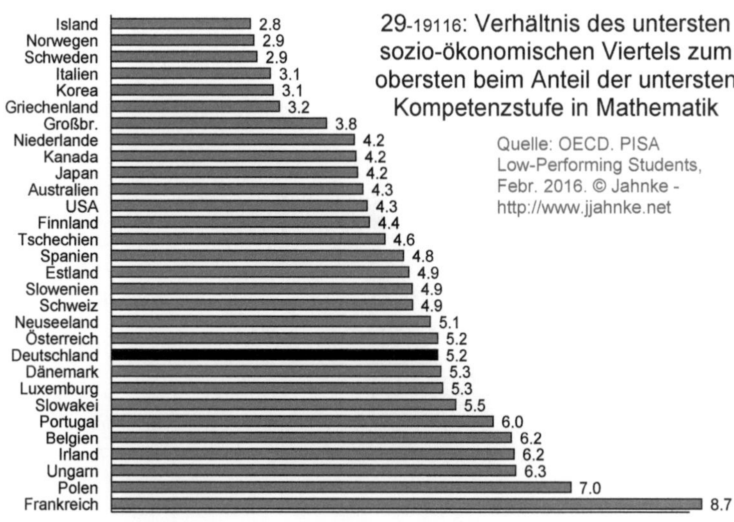

29-19116: Verhältnis des untersten sozio-ökonomischen Viertels zum obersten beim Anteil der untersten Kompetenzstufe in Mathematik

Quelle: OECD. PISA Low-Performing Students, Febr. 2016. © Jahnke - http://www.jjahnke.net

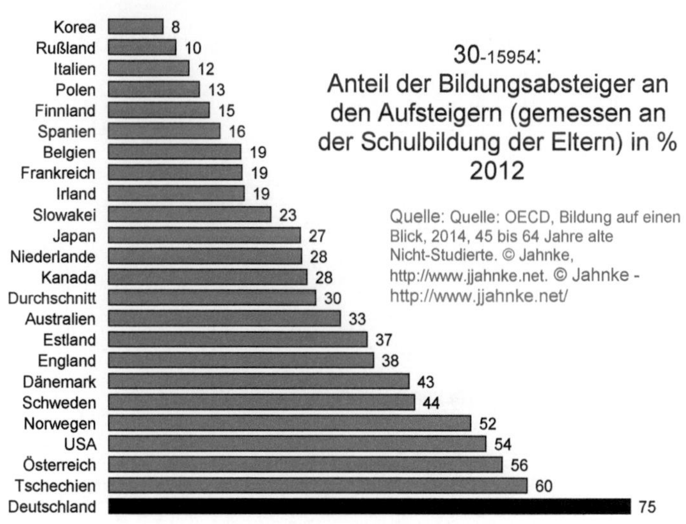

30-15954: Anteil der Bildungsabsteiger an den Aufsteigern (gemessen an der Schulbildung der Eltern) in % 2012

Quelle: Quelle: OECD, Bildung auf einen Blick, 2014, 45 bis 64 Jahre alte Nicht-Studierte. © Jahnke, http://www.jjahnke.net. © Jahnke - http://www.jjahnke.net/

31-18486: Auf- und Abstiegsmobilität bei den jüngeren Jahrgängen

Quelle: OECD, Bildung auf einen Blick, 2014, 25 bis 34 Jahre alte Nicht-Studierte, deren Bildungsabschluß höher oder niedriger als der der Eltern ist; *) Flandern. © Jahnke, http://www.jjahnke.net

32-15280: Klassenstärken in öffentlichen Grundschulen 2013

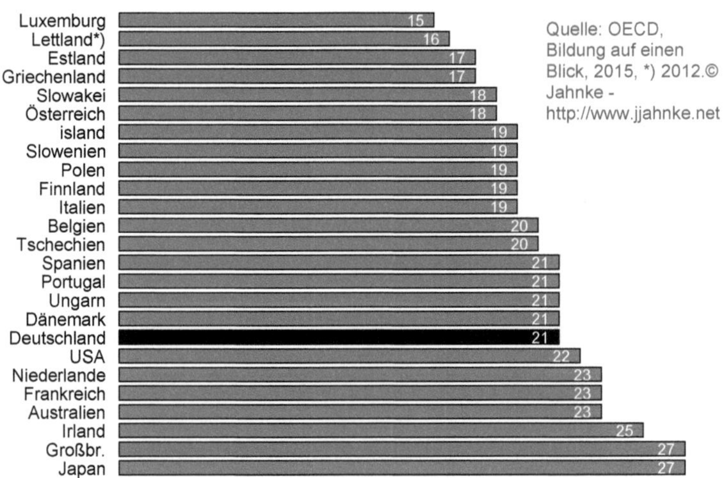

Quelle: OECD, Bildung auf einen Blick, 2015, *) 2012.© Jahnke - http://www.jjahnke.net

33-13806: Zahl der Schüler pro Lehrer in der Grundschule 2013

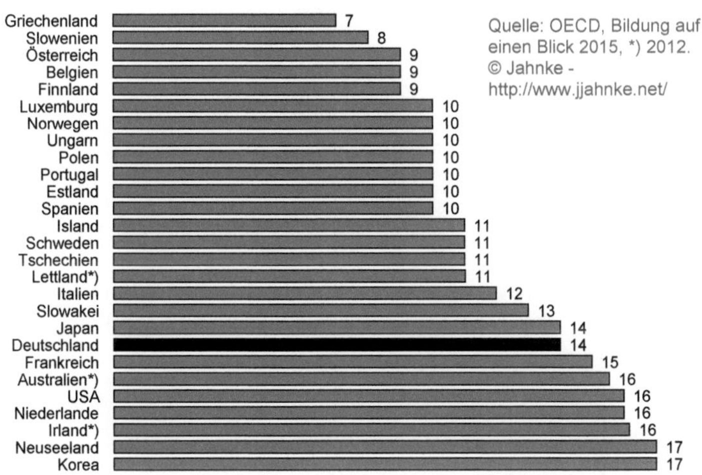

34-18826: Ausgaben für Bildung in % BIP 2012

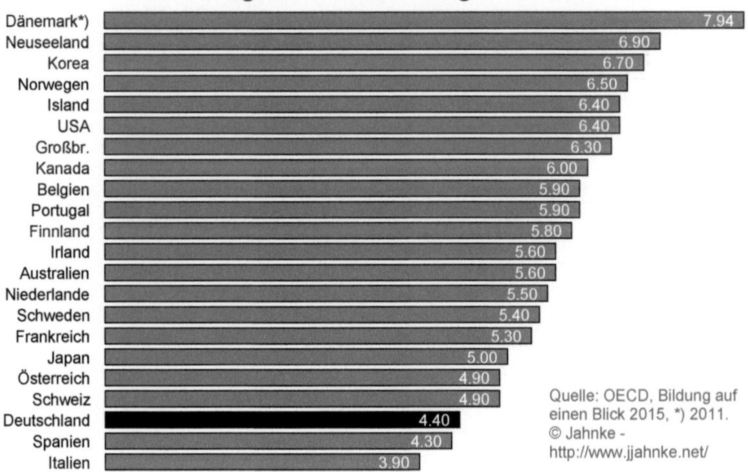

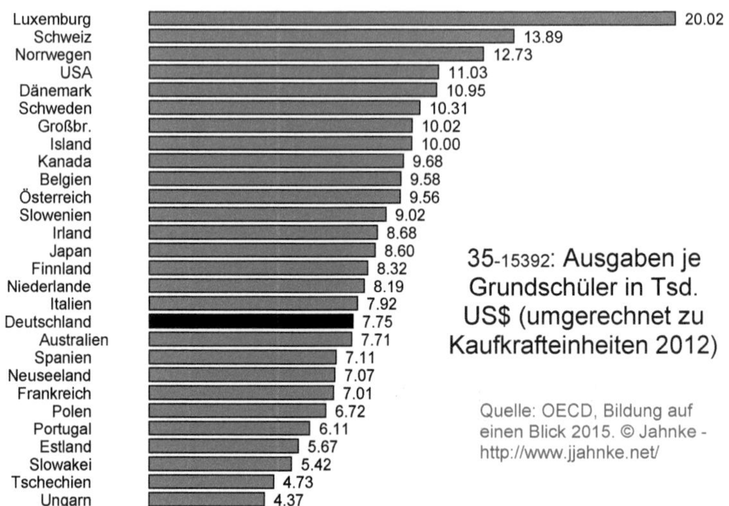

35-15392: Ausgaben je Grundschüler in Tsd. US$ (umgerechnet zu Kaufkrafteinheiten 2012)

Quelle: OECD, Bildung auf einen Blick 2015. © Jahnke - http://www.jjahnke.net/

36-18485: Hochschulabschlußquoten 2014 (25-34 Jahre)

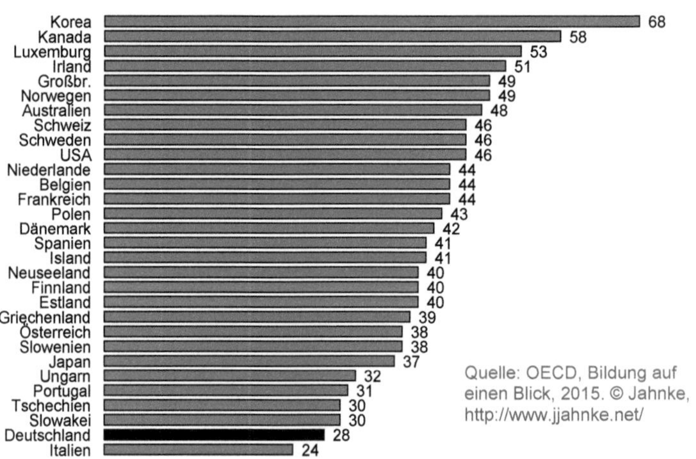

Quelle: OECD, Bildung auf einen Blick, 2015. © Jahnke, http://www.jjahnke.net/

37-19159: Zahl der Haushalte mit 3 und mehr Kindern 2014

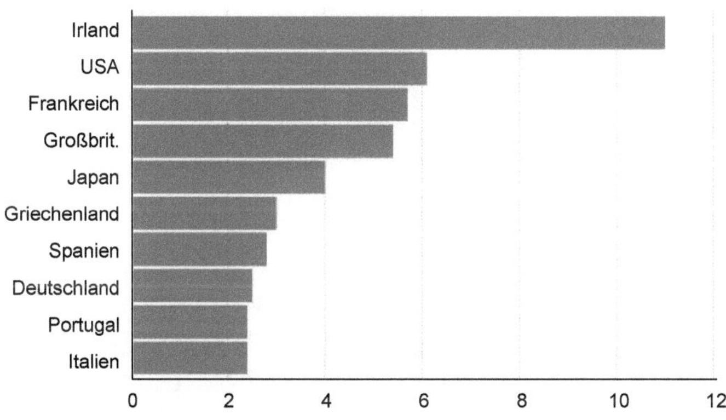

Quelle: OECD. © Jahnke - http://www.jjahnke.net

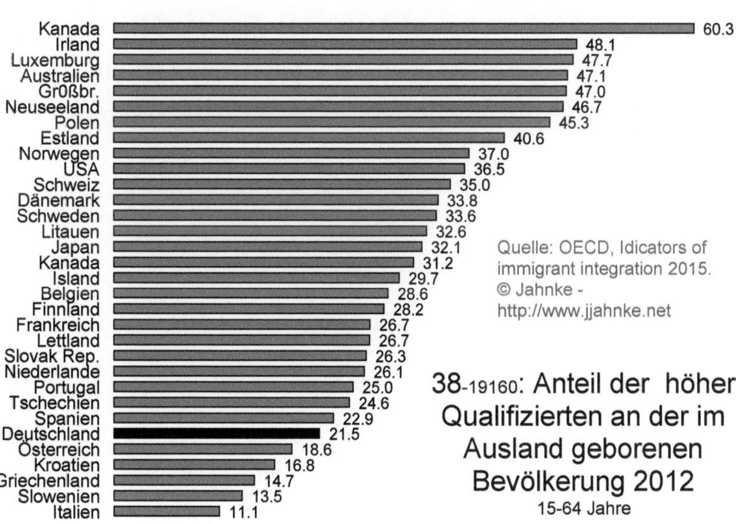

Quelle: OECD, Idicators of immigrant integration 2015. © Jahnke - http://www.jjahnke.net

38-19160: Anteil der höher Qualifizierten an der im Ausland geborenen Bevölkerung 2012

15-64 Jahre

39-18096: Menschen mit Migrationshintergrund in Deutschland je Altersgruppe der Gesamtbevölkerung in % 2014

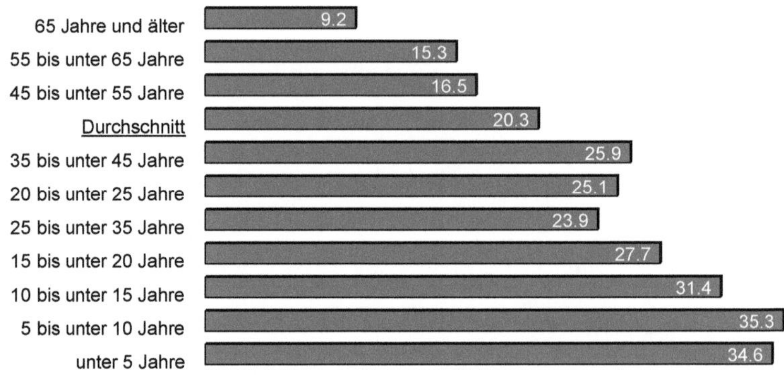

Quelle: Statistisches Bundesamt, Mikrozenus 2014 . © Jahnke - http://www.jjahnke.net

40-18099: Anteil der Bevölkerung mit Migrationshintergrund im Alter von bis 3 Jahre 2008 an der Gesamtaltersgruppe in %

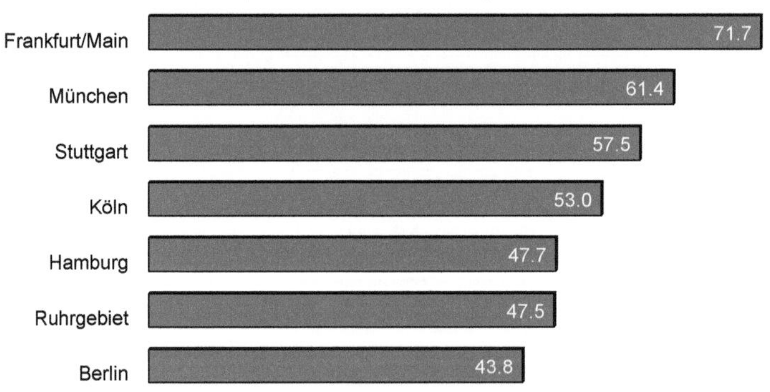

Quelle: Statistische Ämter des Bundes und der Länder, Mikrozensus
(Autorengruppe Bildungsberichterstattung). © Jahnke - http://www.jjahnke.net

41-19156: Zahl der Kinder pro Frau 2012 in %

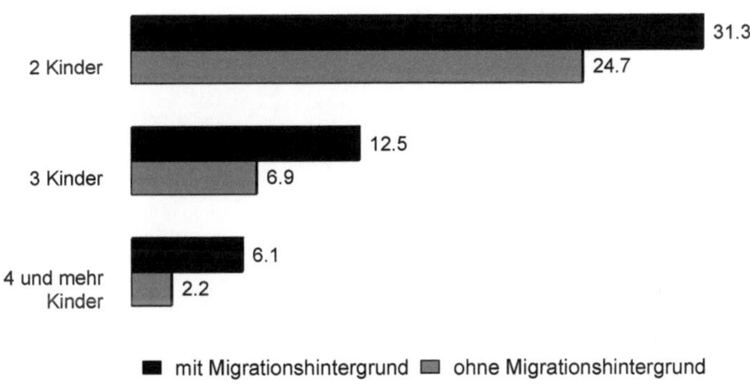

Quelle: Statistisches Bundesamt. © Jahnke - http://www.jjahnke.net

42-18798: Teilnahme an Eltern-Kind-Kursen nach kulturellem Hintergrund in %

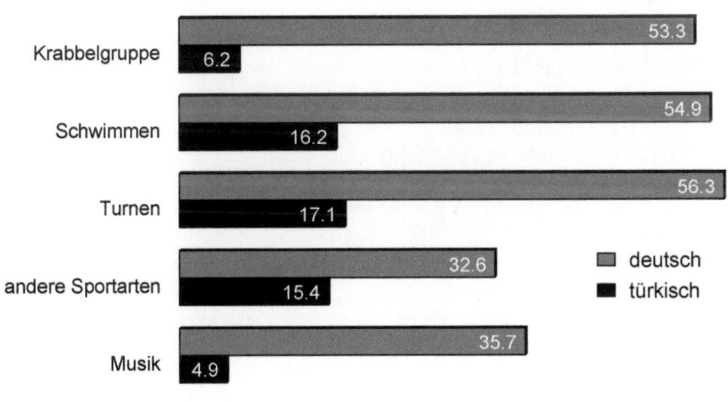

Quelle: MIEKA-Studien, 2014. © Jahnke - http://www.jjahnke.net

---

43-18095: Betreuungsquote von Kindern bis zu 3 Jahren in Kindertagesbetreuung 2012

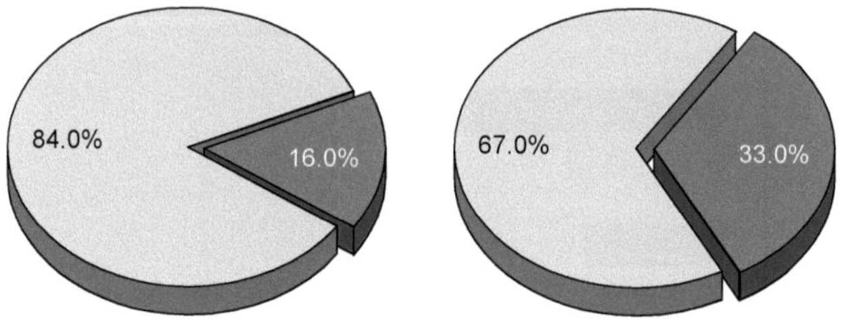

Quelle: Statistisches Bundesamt. © Jahnke - http://www.jjahnke.net

44-17843: Anteil von Kindern, deren Eltern einen niedrigen Bildungsstatus haben, an den jeweiligen Bevölkerungsgruppen in %

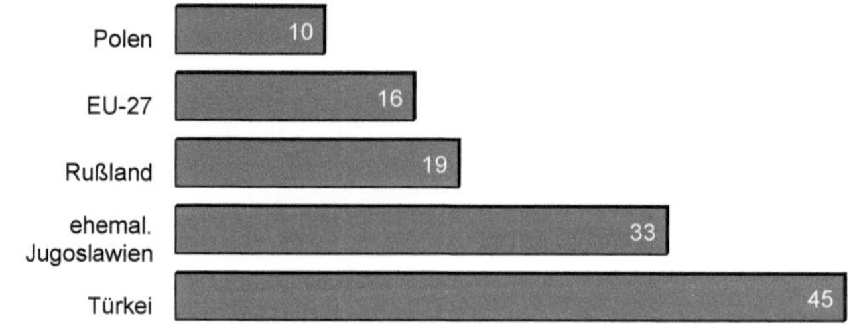

Quelle: Deutsches Jugendinstitut, Kinder-Migrationsreport, 2013. © Jahnke - http://www.jjahnke.net

45-18828: Anteil der Menschen mit berufsqualifizierendem Bildungsabschluß in %

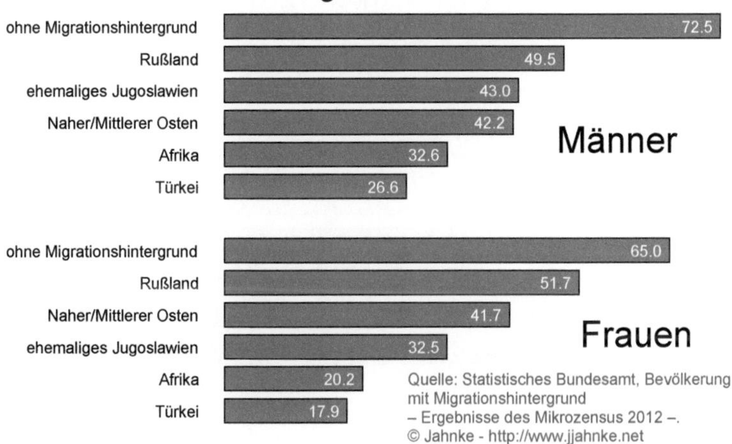

46-13281: Soziale Bedingungen von Menschen mit Migrationshintergrund

mit Immigranten-
hintergrund

Ohne Immigranten-
hintergrund

Anteil ohne Schulabsschluß an Bevölkerung 2013 in %

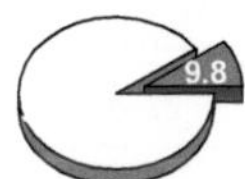

Anteil von Nicht-Erwerbstätigen an Bevölkerung 2013 in %

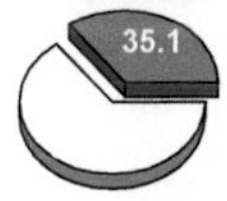

Armutsgefährdungsquote 2013 in %

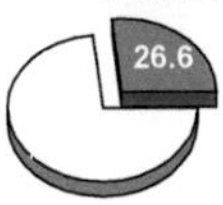

Quelle: Statistisches Bundesamt. © Jahnke - http://www.jjahnke.net

47-18971: Armutsquoten: Anteile an der Bevölkerung mit Migrationshintergrund 2014 in %

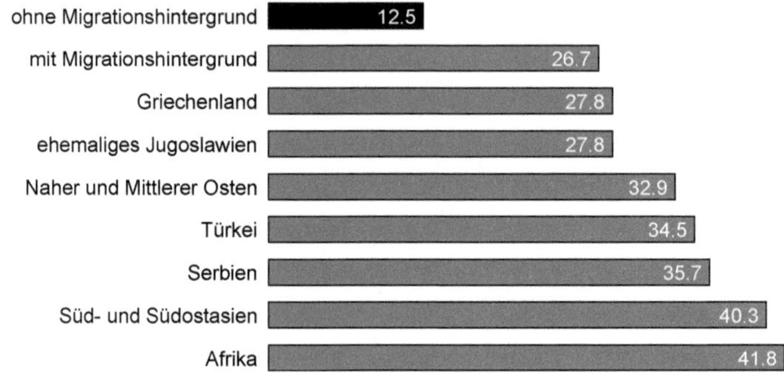

Quelle: Statistisches Bundesamt, Fachserie 1 - 2.2. © Jahnke - http://www.jjahnke.net

48-18747: Überwiegender Lebensunterhalt nach Migrationsstatus

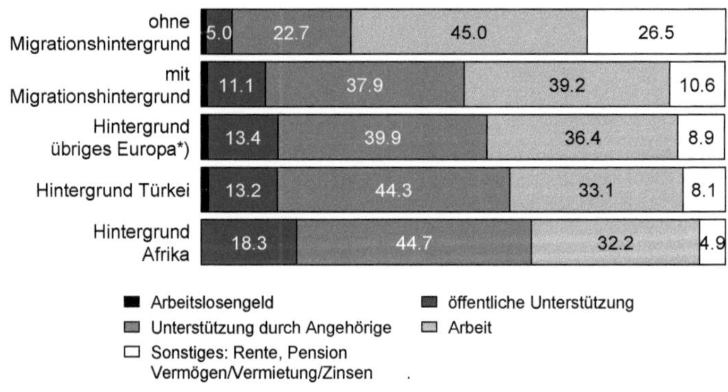

Quelle: Statistisches Bundesamt, Bevölkerung mit Migrationshintergrund – Ergebnisse des Mikrozensus 2013 –, *) ohne EU28. © Jahnke - http://www.jjahnke.net

49-18827: Entwicklung der Zahl der 6-Jährigen in Deutschland bis 2060

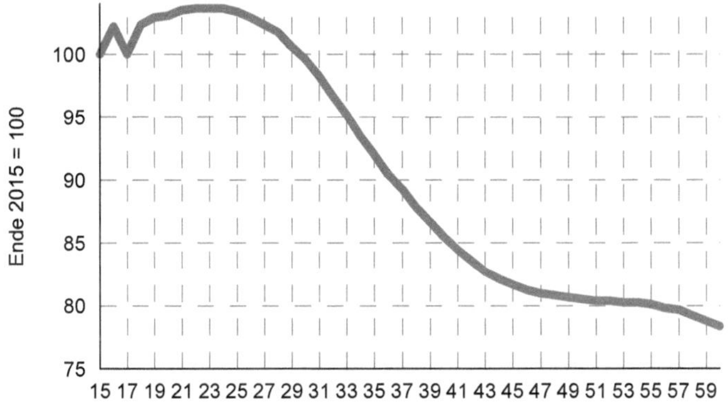

Quelle: Statistisches Bundesamt. Bevölkerungsvorausberechnung. © Jahnke -
http://www.jjahnke.net

50-14806: Geburtenziffer pro Frauen 15-45 in Deutschland bis 2014

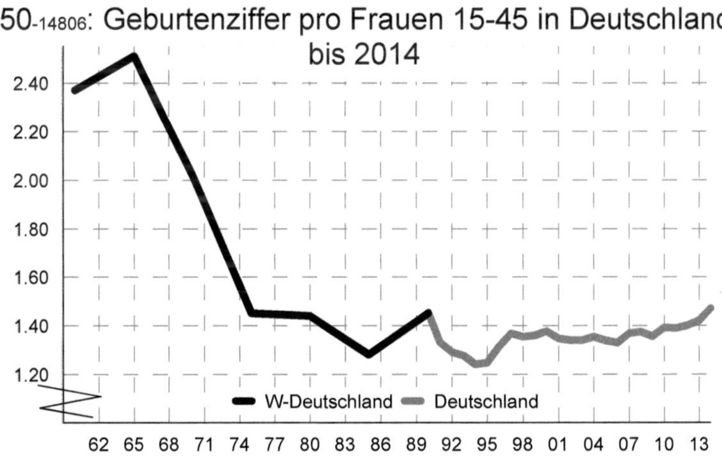

Quelle: Statistisches Bundesamt. © Jahnke - http://www.jjahnke.net/

51-04047: Fruchtbarkeitsraten (Kinder pro Frau) 2014

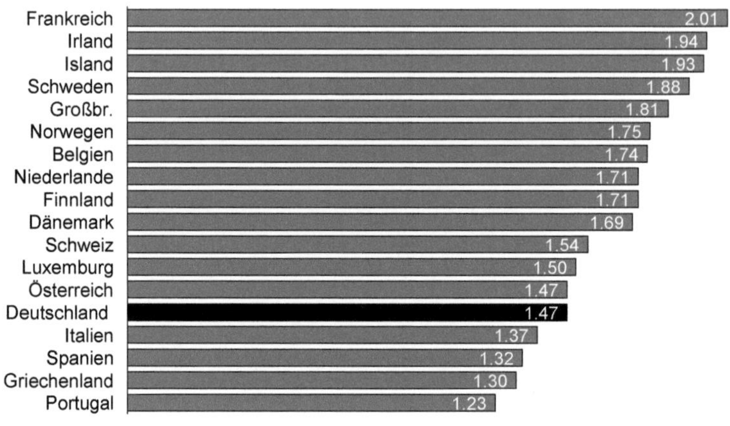

Quelle: Eurostat. © Jahnke - http://www.jjahnke.net/

52-04579: Geburten in Deutschland

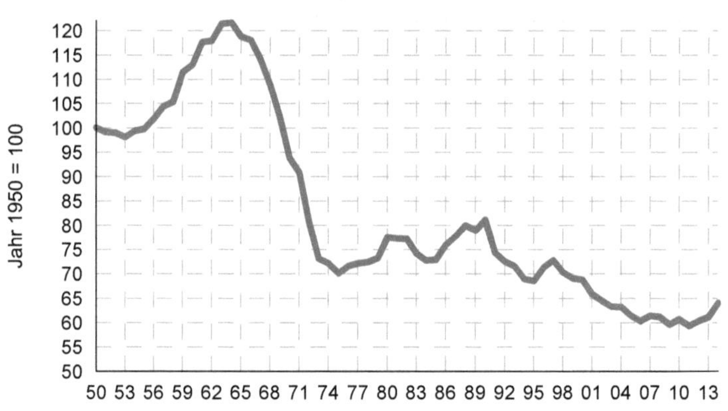

Quelle: Statistisches Bundesamt. © Jahnke - http://www.jjahnke.net/

53-18170: Bevölkerungsprognose nach Altersgruppen

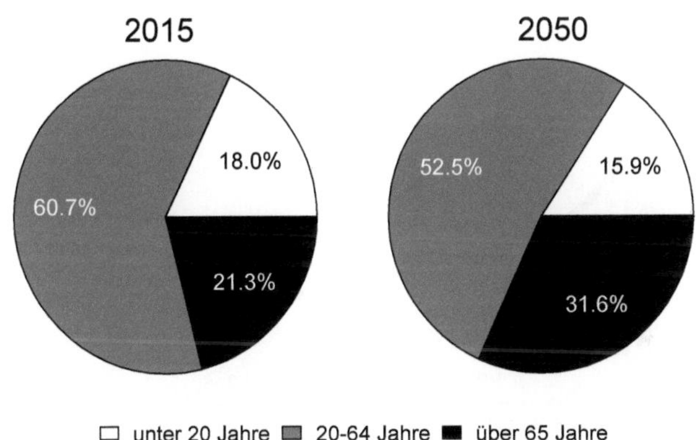

Quelle: Statistisches Bundesamt, 13. Bevölkerungsvorausberechnung, April 2015.
© Jahnke - http://www.jjahnke.net

54-15647: Durchschnittsalter

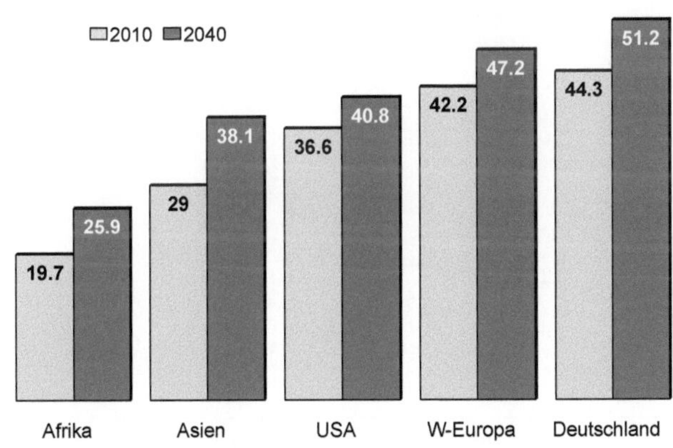

Quelle: UN Bevölkerungsprogramm. © Jahnke - http://www.jjahnke.net

55-19137: Mitgliederentwicklung bei SPD und CDU in Tsd.

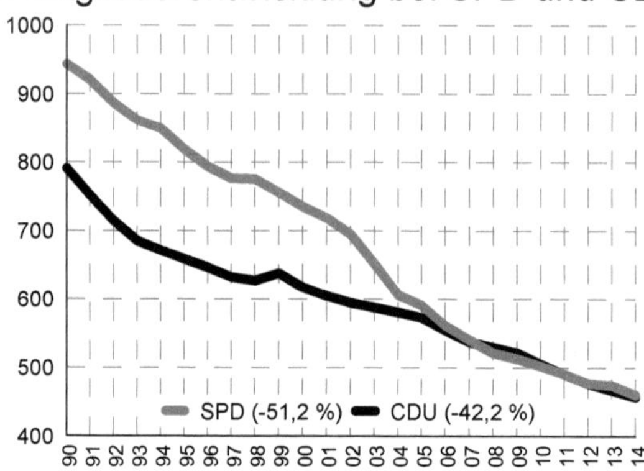

Quelle: Oskar Niedermayer: Parteimitglieder in Deutschland, Version 2015, Berlin, 2015. © Jahnke - http://www.jjahnke.net

56-19139: Anteil der SPD-Parteimitglieder über 60 Jahre 1974 - 2014

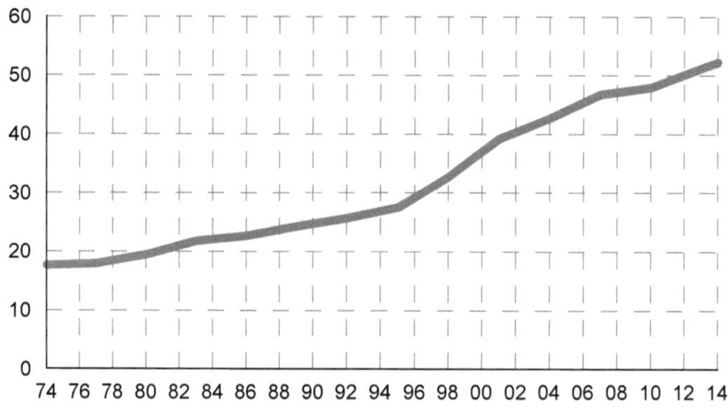

Quelle: 2015. © Jahnke - http://www.jjahnke.net

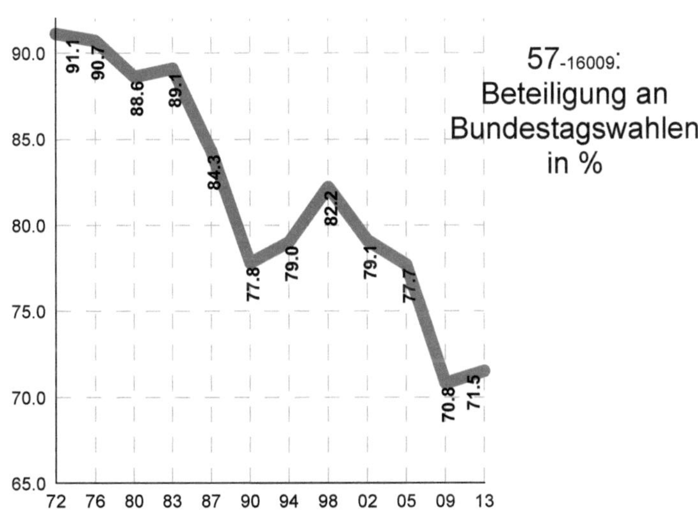

57-16009:
Beteiligung an
Bundestagswahlen
in %

58-17902: Arbeitslosenquote und Wahlbeteiligung bei der
Bundestagswahl 2013

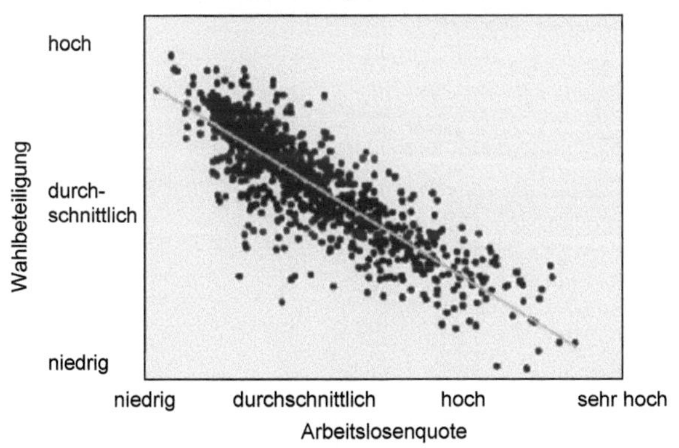

Quelle: Bertelsmann-Stiftung, Prekäre Wahlen, Dez. 2013. © Jahnke -
http://www.jjahnke.net

59-17301: Wahlbeteiligung bei der letzten Bundestagswahl

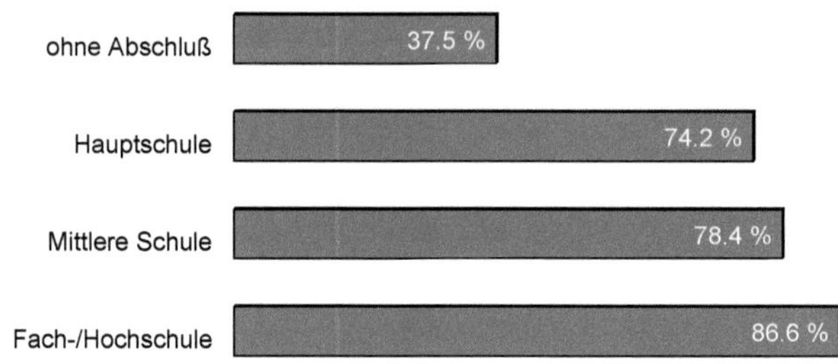

Quelle: Bildungsbericht 2012. © Jahnke - http://www.jjahnke.net

60-14986: Sozialversicherungspflichtig Beschäftigte mit Nebenjob in Mio

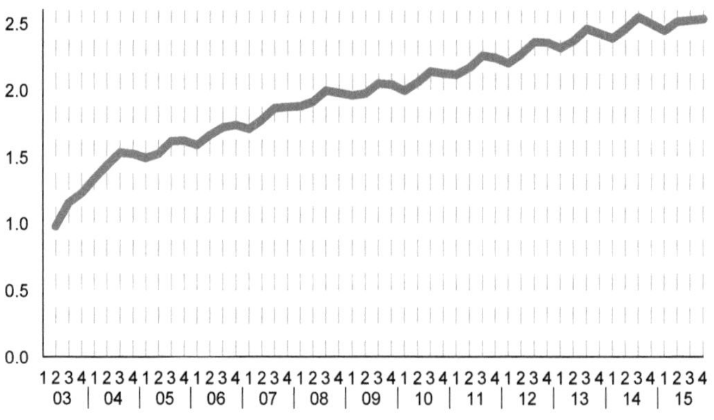

Quelle: Bundesagentur für Arbeit. © Jahnke - http://www.jjahnke.net

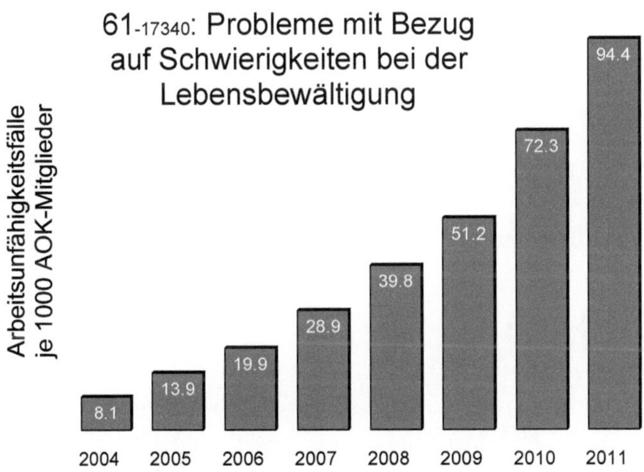

61-17340: Probleme mit Bezug auf Schwierigkeiten bei der Lebensbewältigung
Arbeitsunfähigkeitsfälle je 1000 AOK-Mitglieder
94.4
72.3
51.2
39.8
28.9
19.9
13.9
8.1
2004 2005 2006 2007 2008 2009 2010 2011
Quelle: AOK Fehlzeitenreport 2012. © Jahnke - http://www.jjahnke.net

Meine letzten Bücher: